AF351346

MARÍA JOSÉ CUMPLIDO

ORO TRISTE

© 2024, María José Cumplido

© Noviembre 2024, Neón ediciones

Neón Ediciones es un sello editorial del grupo Ebooks Patagonia

@neonediciones

www.neonediciones.com

Av. Providencia 1208 of. 207 piso 2, Providencia, Santiago de Chile

ISBN Edición Impresa: 978-956-9984-34-1

ISBN Edición Digital: 978-956-9984-35-8

Edición: María Paz Rodríguez

Diagramación: Josefina M. Gajardo

Arte de portada: Carolina Zúñiga

Imagen de portada: Adobe Stock

Impreso en Chile / Printed in Chile

Proyecto financiado por el Fondo Nacional de Fomento del Libro y la Lectura, Convocatoria 2023

MARÍA JOSÉ CUMPLIDO

Oro triste

Diarios feministas de obreras
chilenas 1905-1908

Índice

Sobre un oro

La palabra es registro. Abre, ilumina, otorga. En este sentido, el lenguaje es pura generosidad; la acción de mostrarnos, vernos y entender quiénes somos. La palabra despierta, conecta, remueve, rehace, reinventa. Es intención de mundo que pone en las ideas la realidad material. Parto citando el lenguaje como una manera definitiva de rescate. Y parte importante de la intención de este libro busca rescatar, con mucho orgullo, un momento de nuestra historia. No sabía de la existencia de los diarios *La Alborada* o *La Palanca*: periódicos escritos y publicados por mujeres trabajadoras de principios del siglo xx, en un Chile *ad portas* de la industrialización, de las nuevas riquezas y —de lo que va este libro— en el que la desigualdad irá configurando un nuevo tejido social, mezquino en registros sobre lo que ocurría en los márgenes. Los nuevos grupos en el poder van a promover —sin asco— la deshumanización respecto al trabajo, repensando a la clase trabajadora como lucro. El capital manda ahora y eso será la columna vertebral del nuevo siglo, y —por cierto—, lo que cruce cada una de las publicaciones en estos diarios.

Cuando María José Cumplido me habló de *La Alborada* y *La Palanca*, lo primero sobre lo que reflexionamos fue la iniciativa de las autoras detrás de estas publicaciones. Obreras que encarnaron, día a día, las situaciones que aquí se exponen. Mujeres pobres; vaciadas de respeto, de visibilidad; habitando un lugar hostil, se leen y reconocen por primera vez en estas páginas. La palabra, por fin, las nombra a ellas. Protagonistas de un mundo sucio que conocen de cerca, el injusto escenario de las fábricas las convertirá —gracias a estos diarios— en las nuevas heroínas de una lucha, hasta ese momento novedosa: la desigualdad de género. Así mismo, la experiencia en el cuerpo del trabajo mecanizado, para las obreras de principios de siglo, se topa por primera vez con una nueva forma de pensar la sociedad a través del feminismo, término que se empieza a acuñar en estos diarios y que será una primera cimiente del cambio social para ellas.

Pero parto por el principio, referirme a este proyecto. *Oro triste: Diarios feministas de obreras chilenas 1905-1908* nace de una lectura de estas columnas que dejó un colectivo de mujeres proletarias. Con María José, reflexionamos largamente sobre qué ejes se construían estos textos, y vimos tres posibles fracturas que, de alguna forma, funcionaron como el andamio necesario para cambiar el sistema patriarcal. Por un lado, el concepto de «feminismo» se analiza desde su formación y que, creo, muestra una mentalidad avanzada que cambiará para siempre la idea vigente de cultura.

Por otro parte, nos interesó la idea de lo triste; adjetivo que usé la primera vez que leí estos archivos. De ahí el título: «Oro triste». Un «oro» que cuesta —y costó— la vida de tantos y tantas. Un «oro» que aceleró el crecimiento, el progreso, el desarrollo y la riqueza, pero que cercó —quizás para siempre— la jaula de la pobreza. Qué belleza de textos, le dije a María José por teléfono —a propósito de mi primera lectura de *La Alborada*— quizás con algo de frivolidad, ya pensando en su publicación. Pero a lo largo de la conversación, ambas caímos en cuenta sobre el verdadero tesoro que había detrás de estas columnas y editoriales: el testimonio y la miseria de una época; la precariedad y la desolación en que fueron escritos cada uno de estos textos, y al final de la noche nos vino una tristeza... Es un «oro-triste», le comenté a ella; su contenido me pareció tan valioso como descarnado. Tan seductor como lectura, y, sin embargo, tan desgarrador en lo que significó para este grupo que dio la pelea, no solo para cambiar sus condiciones laborales, sino también —y más importante aún— para exponer nuevas ideas sobre el género, a propósito de las colectividades, agrupaciones, movimientos que se formaron como resistencia. En la fuerza del grupo radica el valor de un incipiente feminismo que viene a salvarlas y que fue propagado a través de estos diarios.

A su vez, en *La Alborada* y *La Palanca* se vislumbran posibles soluciones para esas niñas que tuvieron que partir a las fábricas antes de los 10 años. Esas niñas futuras que gracias a la pelea que dieron sus abuelas y madres, pudieron educarse, estudiar, y más adelante votar y marchar. Cada 8M conmemoramos a las caídas, la injusticia respecto a la legislación y el cuidado de cada una de nosotras, que hasta el día de hoy sentimos miedo de caminar solas de noche y la necesidad de tener que avisar a la amiga que llegamos bien. Estas mujeres «nos» imaginaron antes, usaron la palabra —y el cuerpo— para pensar otro futuro y hoy, gracias a su legado, trabajamos en mayor paridad y equidad respecto a nuestros compañeros masculinos. Esas mujeres de *La Alborada* y *La Palanca* marchan con nosotras. Van delante marcando el paso.

Las mujeres siempre tendremos que resguardar cada uno de los derechos que vayamos conquistando. Pues nunca se sabe para dónde va a ir la brújula, y el feminismo de hoy opera como un observatorio que vigila tanto al mundo privado —y cómo es representada la mujer en él— como al gobierno de turno, para defender las trincheras legales de lo que hemos conquistado. Pero quizás la cosa parte aquí. En estas primeras agrupaciones. En estas primeras marchas y consignas. En la fiesta del trabajo como tantas veces indican autoras como Esther Valdés y Carmela Jeria cuando hablan del 1 de mayo.

Será el trabajo duro el que nos libere, dicen ellas. Y las mujeres sabemos de esto. Debemos probar cada día nuestra capacidad y entrega no solo en el mundo laboral, sino también en la casa: familia, hijos. Así, lo doméstico será otro de los tópicos cuestionados en estas columnas. Sus autoras verán con nuevos ojos —de nuevo, gracias a la palabra impresa en estos diarios— la verticalidad injusta que impera, por ejemplo, respecto a las tareas del hombre en la crianza, la casa, la economía familiar. Idea rupturista, dado que hablamos de una época en que ser mujer y ser madre suponen una misma cosa.

María José estructuró este libro por ejes temáticos que, a mi juicio, funcionan también como una sombra de lo que exponen estas columnas. En este sentido, el ojo de una historiadora viene a interpretar, desde una mirada moderna, la valentía y todas las implicancias del gesto de publicar, leerse, unirse frente a la hostilidad del medio. Analiza ideologías, los cambios de la urbe, la sociedad de principios de siglo y, por cierto, la industrialización en Chile: sujetos marginados de la ganancia y el capital, como tanto se señala en dichas columnas. En este sentido, Cumplido hará una investigación acuciosa y sobre todo reflexiva respecto al valor de este registro histórico. *La Alborada* y *La Palanca* serán el Alfa de un momento que encarnamos hasta nuestros días. Y quién sabe del Omega, insisto, las mujeres siempre tendremos que estar atentas a no ser vulneradas. Nuestros derechos y lugar siempre pueden ser menoscabados, y en este sentido, parece ser que la lucha por la equidad fuese circular y se vive mordiendo la cola. Pienso aquí, por ejemplo, en la tendencia de algunos gobiernos de la ultraderecha conservadora en Latinoamérica, Estados Unidos y Europa que han deslegitimado el derecho al aborto, entre muchos otros, después de años de lucha. Por lo mismo, María José busca en estas publicaciones los temas que cruzaron la vida de la mayoría de las obreras para entender algo de ese padecer, exponerlo y refregarlo en la cara de quienes las lean, y —lo más importante a mi juicio—: para hacer un trabajo de rescate y registro de este oro triste.

MARÍA PAZ RODRÍGUEZ

PRIMERA PARTE

Una observación
sobre el feminismo

Durante los últimos años, el movimiento feminista chileno ha amplificado su pensamiento a través de distintas demandas, propuestas y acciones colectivas de mujeres cada vez más comprometidas, numerosas y fuertes. Este aumento ha significado una mayor presencia en las calles, en los medios, y en los distintos sectores en que hoy el feminismo encarna un liderazgo que nos ha hecho ganar terreno en la base constitutiva del pacto social. Ahora, este liderazgo no está asegurado. Los derechos de la mujer, históricamente, se localizan en una trinchera incierta que siempre debe estar resguardada; un terreno movedizo, siempre amenazado, siempre en discusión. Sin embargo, al visitar nuestra historia, se me hace imposible no revisar los hitos que implicaron un cambio en la consecución de derechos, tanto en lo social y lo político como en lo que más me interesa abordar en este libro: el trabajo, actividad que hoy nos permite hablar de una «historia del feminismo chileno», por la central relación del movimiento de obreras que luchó —a través de sus quehaceres, su reflexividad y sus distintas organizaciones— para repensar el lugar de la mujer dentro de lo privado, lo público y lo social.

Cuando observo la historiografía; las crónicas, los anales, las columnas, incluso la literatura, vuelvo a la pregunta —obvia en su respuesta— de por qué hasta el día de hoy las mujeres hemos tenido tan poca visibilidad en la historia de Chile. Si en pleno 2019 hablábamos de un «renacer feminista», quisiera intentar entender justamente cómo nace, y bien, cómo se fueron desarrollando los distintos «feminismos» a lo largo de nuestra historia. Hemos hecho un recorrido largo; mucho más largo de lo que muchos y muchas creen. El movimiento feminista vio sus inicios durante el siglo XIX, y se ha proyectado hasta hoy con cambios y continuidades muy interesantes, y que en la actualidad nos permiten entender nuestro presente. Es lamentable que la historia haya silenciado sistemáticamente el trabajo de la mayoría de estas mujeres, sobre todo en las distintas instancias educativas de nuestras niñas y niños. Año a año, vemos cómo en las salas de clases se aprende con énfasis —y, digámoslo, con especial interés de los programas de contenido, los historiadores y el conglomerado que supone la docencia—, las obras de conquistadores, presidentes y sacerdotes. El movimiento sufragista, por ejemplo, prácticamente no aparece en los textos escolares. Cuando se habla de las primeras feministas, se suele estudiar a las mujeres de la élite chilena; las universitarias, las intelectuales que hablaron del voto femenino, de la participación de las mujeres en la política y de su educación como un derecho. Pero no se ha profundizado en lo que pasaba en otras clases sociales que no pertenecían a los círculos de poder.

La sobrerrepresentación que se ha hecho de la élite ha permitido que conozcamos una parte del movimiento feminista, pero siento la urgencia de referirme a «los feminismos», en plural, dentro de nuestra historia, porque este movimiento ha tenido diferencias ideológicas y de clase que han diversificado su campo de acción y corpus intelectual. Y aunque en ciertos momentos de la historia «los feminismos» han tenido puntos en común, como, por ejemplo, el voto femenino y la importancia de la instrucción y educación en las niñas, las distintas agrupaciones sociales tuvieron muchísimo más peso a la hora de articular en el pensamiento y las ideas: demandas, propuestas y soluciones frente a las necesidades que imperaron en cada sector de la población, sobre todo en actores más vulnerables.

El feminismo que me interesa revisar en este libro es el de las obreras de principios del siglo XX; mujeres que tuvieron que soportar las peores condiciones de vida. Lejanas a la comodidad y ajenas a la educación, construyeron «su feminismo» con doble jornada de trabajo y sueldos miserables; así y todo, batallaron para sacar adelante a sus familias, al mismo tiempo que lograron transmitir ideas que visibilizaron las precarias condiciones en las que subsistieron y el trato indigno que se les daba en las salitreras, fábricas, talleres.

La Alborada y *La Palanca* fueron dos periódicos que se publicaron a principios del siglo xx, gestionados y redactados por ellas mismas. El primero fue editado por Carmela Jeria, quien trabajaba como tipógrafa, y el segundo, por Esther Valdés, quien trabajó durante años en una fábrica de corpiños. Ambos diarios tuvieron como objetivo abrir la discusión a propósito de las necesidades de las trabajadoras. Y, a su vez, hacer una ácida crítica al capitalismo, según ellas, sistema responsable de la falta de dignidad para el proletariado.

Las mujeres detrás de *La Alborada* y *La Palanca* publicaron «sus diferencias»; las voces silenciadas por el sistema, voces de mujeres que no se habían escuchado desde ningún medio escrito, y que se hicieron especialmente relevantes en un Chile que empezaba a industrializarse. Así, y a pedido de las madres, se exigió por primera vez que el Estado proveyera de salas cunas, tensionando el dilema —aún vigente— de maternidad y trabajo, exponiendo con ello la maternidad como un rol que pronuncia, aún más, la desigualdad entre las mujeres y sus compañeros varones, por ser la crianza responsabilidad exclusiva de ellas. También se fueron formulando conceptos como «igualdad salarial» y «abuso laboral». En estos periódicos se encontró un medio de dejar constancia o denunciar, en muchos casos, las atrocidades que cometían los encargados de las fábricas.

Por primera vez, a comienzos del siglo xx, se escuchó hablar sobre «feminismo», y en las publicaciones de *La Alborada* y *La Palanca* este concepto será esencial para entender ese nuevo paradigma de igualdad al que aspiran. «Feministas» será una nueva forma de pensarse a sí mismas desde la agrupación, lo colaborativo y el género. Y a través de sus publicaciones, cuestionar un sistema económico liderado por las élites masculinas que, según sus distintos testimonios editoriales, no tenían conocimiento ni consideración de la miseria en la que vivía la clase obrera. Jeria y Valdés nos muestran un feminismo particular; con demandas particulares y básicas que hasta el día de hoy no están cubiertas o siguen siendo desplazadas al final de la cola. A pesar de ello, estas mujeres lucharon para reescribir un código laboral que las protegiera.

En su mayoría, y quizás por su forma rebelde de tomar acción, se vieron enfrentadas al desprecio que abundaba en los movimientos sociales y partidos políticos de izquierda, liderados todos ellos por hombres. Además de que muchos de sus representantes se mostraron «tibios» a la hora de apoyar causas como el voto femenino o la desigualdad salarial.

Este libro quiere poner sobre la mesa las columnas publicadas en *La Alborada* y *La Palanca*, no solo para conocerlas, sino también para dar cuenta de que el movimiento feminista obrero tiene una trayectoria de larga data, y que las preguntas y problemas en torno al trabajo femenino ya tenían —hace más de cien años— a nuestras antecesoras movilizadas. Si bien la historia no se repite, sino que rima; la historia de Chile tiene una deuda con la tradición feminista de la que somos parte. Amplificar las voces de quienes, contra viento y marea, plantearon cómo éramos percibidas en la cultura, la política, la economía... en un afán de igualdad que dignificara su trabajo.

Todas estas columnas, publicadas entre 1905 y 1908, dan cuenta de una serie de demandas que irá creciendo con los años. El feminismo obrero será crítico de la oligarquía chilena; de la falta de democracia y del machismo que imperaba a comienzos de siglo. Las voces en *La Alborada* y *La Palanca* nos cuentan otra historia de Chile; una donde los héroes a caballo y los palacios que se construían en el centro de Santiago no valían nada. Aquí se narra un mundo sucio, hacinado, en que los niños y las niñas crecían solos; en que las mujeres eran golpeadas y abusadas diariamente sin que nadie interviniera. Sin embargo, hubo algunas valientes que —sin educación y tras haber trabajado desde niñas— no quisieron perpetuar la miseria y se levantaron para cambiar su mundo a todas las que vendrían después. Esta es la historia de sus voces; de sus inquietudes, que también son las nuestras, pues permanecen aún en el margen de cómo se piensa a la mujer dentro de la esfera social/laboral.

Vemos protagonistas mujeres en todas las producciones culturales: «estamos de moda», dice la industria; sin embargo, leyes como la del aborto, el patrimonio, o bien el castigo adecuado y ejemplar por abuso sexual o feminicidio, permanecen en la arena movediza de los distintos gobiernos o de las creencias del juez de cada caso.

Lamentablemente, estos periódicos no sobrevivieron mucho tiempo. Es posible que la dificultad material y el costo laboral/social que implicó para estas mujeres, hayan sido las causas de su cese de circulación. Sin embargo, este movimiento no murió con la desaparición de *La Alborada* o *La Palanca*, sino que tuvo un impacto significativo en los partidos de izquierda que, hasta entonces, habían mostrado poco interés en los temas ligados a lo femenino. Y, por lo mismo, la mirada vanguardista de quienes circularon por estas páginas dejó una huella duradera en la lucha por la igualdad de género en Chile.

CAPÍTULO I
El fantasma de Marx

A fines del siglo xix y comienzos del xx, la sociedad chilena experimentó cambios profundos y complejos. El triunfo en la guerra del Pacífico permitió anexar lo que hoy va desde Arica hasta Antofagasta, región que nos dio acceso al salitre: un mineral muy necesario para la fabricación de abono, entre otras cosas. Gracias a su alta demanda y a las grandes cantidades que había en Chile, se generó una importante reactivación económica que fortaleció a la incipiente industria nacional de aquella época además de ser una significativa fuente de ingresos para el Estado de Chile. Este nuevo dinero hizo que las élite y el Estado invirtieran en obras públicas y nuevas construcciones que cambiaron la fisonomía de varias ciudades, modernizándolas e impulsando más polos de desarrollo. Esto convirtió a ciudades como Santiago o Valparaíso en lugares más atractivos para familias que, históricamente, habían habitado en sectores rurales , y —ante la promesa de mejores trabajos e ingresos— cientos de ellas emigraron hacia estos nuevos centros urbanos.

La llegada de centenares de migrantes internos fue masiva y, a la vez, tan rápida que el Estado no pudo prepararse para este importante desafío político, económico y social. Particularmente, no existió un plan de inversión para que las ciudades pudieran recibir de manera adecuada a esta nueva población. Esto provocó que, en vez de encontrar oportunidades atractivas y mejores empleos, los recién llegados se toparon con que no existían viviendas decentes para ellos, había escasez de agua potable, suciedad, hambre y tantas cosas más.

La repentina demanda de viviendas y alimentos superó la oferta que podían entregar las ciudades, y muchos empleadores se aprovecharon del exceso de mano de obra desamparada ante la falta de oportunidades. Esto trajo malas pagas y jornadas laborales interminables que podían durar hasta 16 horas diarias en los distintos trabajos. Además, entre 1902 y 1909 el precio de los alimentos se duplicó. Es decir, era imposible tener una vida relativamente digna y segura con los sueldos y los precios del comercio. Tengo que recordar que en esta época no existía, como hoy, una legislación laboral que protegiera a los trabajadores y regulara a los empleadores; por lo tanto, no había mecanismos formales para cambiar desigualdad laboral y social.

En ese sentido, el salitre y su bonanza trajo consigo dos realidades. La primera tuvo que ver con un esplendor para las clases burguesas que, con estos nuevos ingresos, se habían enriquecido, cambiando sus costumbres y modificando la ciudad para parecerse —según ellos— a las ciudades europeas. Fue así como construyeron palacios como el Subercaseaux o el Palacio Pereira, que imitaban una arquitectura más al estilo parisino, alejada de las casas coloniales con las que se diseñó la ciudad durante sus primeros años. Los palacios modificaron los espacios de sociabilidad; al igual que en las capitales europeas, las tertulias y bailes de salón se daban seguido, con esto a su vez, aumentó la importación de objetos como cuchillerías inglesas, muebles franceses, telas traídas de Asia, entre otras cosas. Los viajes a Europa se hicieron cada vez más frecuentes entre los más ricos, lo que evidenció el lujo con el que vivían «unos pocos» y la miseria del resto. Por lo mismo, el 1900 trajo consigo una desigualdad que no conocíamos. Mientras algunos bebían champán importado en sus palacios recién estrenados, al otro lado de la ciudad —como bien escribió Joaquín Edwards Bello— el olor a podredumbre, a suciedad acumulada por días, se iba mezclando con las tabernas a mal traer donde se vendía alcohol barato, mientras las mujeres cocinaban para alimentar a sus hijos con agua podrida y olores nauseabundos. Esos barrios, sin planificación, sin servicios proliferaron junto a pequeños comercios, vendedores ambulantes y bares rodeados por aguas servidas, pobreza y enfermedad.

En esta precariedad, la voz de los desplazados respondió con movilizaciones que permitieran acceso a nuevos derechos sociales, facilidad en los horarios y pagos más justos. Así, empezó a crecer un movimiento obrero que venía a exigirle al mundo político que se hiciera cargo de legislar, proteger y dialogar con los dueños de las industrias y con la clase obrera. Esta crisis dio pie a las primeras grandes protestas de nuestra historia, como la huelga de los ferroviarios en 1888; la sanguinaria huelga de la carne en 1905, en la que cientos de trabajadores murieron asesinados por las fuerzas armadas, y luego la matanza de Santa María en 1907, que marcó para siempre nuestra historia.

Durante décadas, distintos historiadores e historiadoras han estudiado el movimiento obrero chileno. Y como cada relato obedece a un momento y un paradigma, los protagonistas de estos registros han sido principalmente hombres, sin detenerse en lo que acontecía entre las mujeres que, aunque participaron activamente de estas protestas, tenían problemas y peticiones diferentes; quizás más difíciles de comprender y mediar en esa época. Palabras como «acoso», «cuidados», «desigualdad» eran conceptos de los que apenas se hablaba. Hasta ese momento, las posibles ocupaciones de una mujer se limitaban al servicio doméstico, la lavandería, la prostitución; solo unas pocas trabajaban en talleres y fábricas. Pero ya en el siglo xx, gracias a las industrias, las obreras se encontraron con nuevas oportunidades de empleo y fuentes de ingresos a las que antes no podían acceder. Y aunque tener que trabajar desde niñas les impidió el acceso a la educación, algunas de ellas aprendieron a leer y escribir por su cuenta, y con esto, se empezaron a publicar los primeros periódicos con tintes feministas. En la necesidad de diálogo, de buscar puntos de encuentro y causas comunes, se atreven a denunciar, a través de distintas columnas, la complejidad de ser trabajadoras en un mundo de hombres. A través del feminismo buscan solucionar sus apremios; la injusticia en la que están insertas. Y lo cierto es que la idea de colectividad y agrupación les permite un respiro; construir un espacio de encuentro y contención donde todas son una misma, pues a diario viven las mismas escenas que las hacen encarnar una misma lucha, y esto las necesita reunidas, activas, pensantes. Una de las primeras mujeres en liderar el movimiento feminista obrero fue Carmela Jeria quien, en 1905, publicó el periódico *La Alborada*, cuyo objetivo es enunciado en su primera edición:

> Al fundar este periódico, no perseguimos otros ideales que trabajar con incansable y ardoroso tesón por el adelanto moral, material e intelectual de la mujer obrera y también por nuestros hermanos en sufrimientos, aquellos aherrojados que tienen hambre de luz y de pan[1].

La selección de columnas que presentamos en este libro tiene un espesor ideológico relevante, el testimonio de una época, y la demandas y experiencias de cientos de mujeres. Muchos de estos escritos muestran ese imaginario conceptual y teórico del que se sostiene, no solo la lucha, sino también, una visión política compleja que logró enraizar y dar fuerza a un movimiento que cambió nuestra historia. Cada una de estas columnas busca trascender lo individual para convertirse en una voz que represente a un movimiento más grande y potente. Desde una perspectiva histórica, esto es sumamente novedoso porque, por primera vez, escuchamos voces obreras que tienen un camino y objetivos concretos: cambiar la legislación vigente en Chile. Ya en 1905 enuncian que es deber del Estado no solo proteger a los más débiles, sino que también escuchar a las mujeres y sus necesidades particulares. Es decir, creen profundamente en el Estado como una entidad que debe velar por ellas, siempre y cuando sea capaz de distinguir lo que este grupo particular necesita. El feminismo de izquierda clásico que, a fin de cuentas, apareció en las fábricas en 1905. Y, a través de sus relatos, estas mujeres instalaron la idea de igualdad de clase y género, propia de esa época.

N. de la E: A fin de facilitar la comprensión, los textos citados en esta obra se han adaptado a la ortografía moderna.

1 Carmela Jeria: «Nuestra primera palabra», *La Alborada*, año I, número 1, septiembre de 1905, pág. 1

¿Qué tenían en común con lo que pasaba en otros lados? Sin duda las ideas de Karl Marx. El legado de este pensador, clave a principios de siglo, cruza todas las publicaciones de estas mujeres y se inserta en un movimiento global.

Para Marx, la historia se mueve por el conflicto entre la burguesía y el proletariado: la famosa lucha de clases. Esta surge a causa del capitalismo que divide la sociedad entre quienes controlan el capital, la tierra y las fábricas; y, por otro lado, están quienes se enfrentan al sistema económico como fuerza de trabajo que deben intercambiar por dinero para subsistir.

Bajo este esquema, es imposible evitar la desigualdad. Y como respuesta, Marx propone que el proletariado, al ser más numeroso, debía unirse en una revolución que sentara las bases para una sociedad nueva e igualitaria, socialista y sin clases, en la que el pueblo sea el dueño de los medios de producción y no existan patrones que se beneficien del trabajo ajeno. Solo mediante una transformación radical de la estructura socioeconómica, se podría detener la disparidad inherente al sistema capitalista. En este sentido, Marx aboga por un orden social en el que las relaciones de producción y propiedad fuesen colectivas, propiciando una distribución equitativa de los recursos y una abolición de las jerarquías sociales.

Esta doctrina caló profundamente, como muchos saben, en el pensamiento obrero a nivel mundial y, así, se transformó en un ideal al que muchos aspiraban. La influencia del marxismo recorrió el mundo. En Europa, por ejemplo, ya había registros y publicaciones de obreras que denunciaban situaciones de explotación y abuso por parte del sistema económico y del capitalismo. Un panfleto muy significativo que se publicó en 1900 fue *Reforma y revolución* de Rosa de Luxemburgo; teórica marxista que cuestionó con severidad el concepto de clase social, igualdad de género y la importancia de la participación de las mujeres en política. En este texto hace una crítica a la socialdemocracia europea por los cambios graduales, que no reconocen las urgencias del proletariado. También, Luxemburgo llamó a la revolución como único mecanismo para conseguir justicia social.

Otra pensadora relevante fue la rusa Alexandra Kollontai, quien — siguiendo las ideas de Marx— se hizo parte del movimiento feminista abogando por una mayor participación de las mujeres en políticas públicas, exigiendo con ello acceso a la anticoncepción, a la educación sexual y a la despenalización del aborto. Así, se convirtió en una líder importante para la posterior Revolución rusa de 1917, en la que luchó para que las mujeres fueran parte esencial de un gobierno comunista. Lamentablemente, muchas de sus propuestas no fueron escuchadas y, al final, fue marginada de la Revolución.

Este es el contexto internacional en el que se desenvuelve el pensamiento de las obreras chilenas. Aunque no sabemos si alguna de ellas leyó o no a estas autoras, sí vemos que sus reflexiones se inspiraron en el marxismo.

Cuando leo y releo algunas de las columnas de *La Alborada*, observo cómo las ideas que allí se develan hablan de una Revolución respecto al trabajo, al capital y, obviamente, a la burguesía. Sus escritos muestran con claridad sus reflexiones sobre los distintos paradigmas que buscaron romper con la palabra, a la vez que argumentan, desde su experiencia cotidiana, el porqué de sus razones ante las situaciones que exponen. Finalmente, los hechos que cuentan les sucedieron.

Cuando imagino las pobres condiciones en las que se desenvolvieron, y sé a ciencia cierta que la mayoría de ellas no había tenido una educación formal, admiro su arrojo; su exposición. La forma en que, históricamente, el feminismo ha usado las alianzas, el diálogo y la revolución en varios casos para alcanzar la equidad. Estas mujeres vieron con sus propios ojos lo que significó la usura; sabían que su quehacer enriquecía, día a día, año a año, al mundo burgués.

Fueron contestatarias frente a quienes distorsionaron la relación entre trabajo y capital; a quienes promovieron una concepción en la que el capital se erige como fuerza rectora que domina el trabajo. En sus columnas, estas autoras lo denuncian como una concepción falaz que merece una nueva interpretación en la correlación entre ambos. Para ellas, el trabajo es el motor que impulsa sus reivindicaciones y el pilar fundamental de su visión política. Es el trabajador el que crea riqueza y, por tanto, merece un trato equitativo. Por ello, abogan por una reestructuración radical del sistema económico. El trabajo trae abundancia y esta debe distribuirse con un mayor equilibrio entre los distintos actores sociales. Sin su trabajo, deja de funcionar la máquina, se acaba lo que le da fuerza al capital y, por ende, la riqueza de los dueños. En ese sentido, pienso que la justicia, para ellas, radica en un orden social donde el trabajo es respetado, reconocido y recompensando porque honra la vida humana. La solidaridad no está formulada como una acción pasiva, sino más bien, como una cooperación justa entre cada miembro de la sociedad.

Reconocen que la justicia es un anhelo universal y entienden que la existencia de la represión y la violencia existe por la supremacía de los dueños de las industrias. En todo el mundo se ha utilizado la fuerza para acallar las demandas de los trabajadores y, nuevamente, estas mujeres que se organizaron en periódicos y reuniones apelaban a que, en primera instancia, cuando la burguesía entendiera que no existirían sin el trabajo de ellas y de todos quienes lo ejercían, podrían empezar los cambios:

> reconoced que sin los trabajadores no sois nada y, ya que lo podéis, cumplid vuestro deber facilitando a lo que despreciativamente llamáis «pueblo» (¿vosotros no pertenecéis al pueblo?) la mayor suma de instrucción, para así hacer la felicidad de vuestras mismas familias[2].

El capital no es solo una idea abstracta o pura teoría, sino que encarna lo burgués; de ahí ejemplifica su estructura y, por ende, la noción de clase. En los periódicos obreros vemos cómo se acusa a la casta social de las élites de robarle a los trabajadores. Según ellas, no conforme con quedarse con las ganancias que le pertenecen al proletariado, la burguesía y los dueños del capital no logran empatizar ni entender la pobreza; la clase siempre será un problema, pues la desconexión con quienes habitan «por debajo» de las élites, es un trecho imposible de sortear para estos mismos grupos, más si se vive bajo la creencia de que el sistema funciona como funciona; que para la ganancia de unos pocos, la mayoría debe trabajar con ahínco y sin mucha consideración por parte de

---

2 L. B. D.: «¡Gloria al trabajo!», *La Alborada*, año I, número 13, primera quincena de mayo de 1906, pág. 2

los jefes, el proletariado no es más que un engranaje —muy sustancioso— de la maquinaria y no está ahí más que para enriquecerlos.

La invisibilización constante de una clase; el abuso, los malos tratos, la displicencia, suele terminar mal. La historia así lo muestra. No tarda en aparecer la ira, las distintas organizaciones que darán la pelea y, claro, la presión que suele ejercer la masa cuando sistemáticamente no ha sido tomada en cuenta. La mayoría de las revoluciones parten de estas premisas, cuando por fin, entre los afligidos, se da la oportunidad de compartir ideas y la palabra se convierte en un canal de movilización.

La visión de estas columnas busca más allá de Marx, quien piensa al capital como una mecánica o, como diría él: «un devenir histórico». Estas mujeres lo llevan a un esquema de lo propio, a su día a día; a la realidad sucia y poco auspiciosa que las rodeaba. Para ellas, la clase no es una abstracción histórica, sino una identidad que se encarna a cada instante. Y en la medida en que los propietarios, los empresarios o los ilustres hombres en el poder, conciban al pueblo solo como reproductores de dinero, se deshumaniza la carne; se deshumaniza el trato, la empatía y la gratitud. Cada grupo social se va cristalizando de acuerdo a su origen, que solo tendrá como futuro el trabajo para «esos otros». A fin de cuentas: «es por esto, que el patrón o el capitalista, mira a sus trabajadores como a bestias de carga, a los cuales no les liga más compromiso, que darle una miserable ración de hambre para que no fallezcan»[3].

Las obreras feministas tomaron no solo una posición intelectual, sino más bien una activa en la pelea. Y es probable que esta decisión no haya sido tomada desde la teoría; llevaban ya muchos años viendo los efectos del silencio en su propia clase:

> La evolución y después la revolución que ha de destronar al
> actual sistema imperante debe ser iniciada y terminada por
> los débiles, por los humildes, por los explotados, por los que

---

3 Esther Valdés: «La Asociación de Costureras», *La Alborada*, año II, número 28, 20 de enero de 1907, pág. 2

sienten hambre y sed de libertad y justicia, y energías hasta hace poco desconocidas, la visión terrible de la sorda y tenaz lucha de nuestro hermano de trabajo, la convicción de que esa lucha necesita una suma considerable de valor, acción y energía nos ha hecho vislumbrar que la ayuda de la mujer proletaria ha de ser decisiva en la colosal y desigual lucha[4].

El mensaje suena duro. Resuena como un reto feroz hacia sus compañeros. Pero recordemos que, tanto en la palabra escrita como en las marchas, aglomeraciones y consignas hay una teatralidad necesaria para encender el deseo de lucha. He leído en algunos registros que las han tildado de «irresponsables», sobre todo porque se sabía de las represiones del Estado cada vez que los trabajadores llamaban a paro, marcha o movilización. Insisto, recordemos la huelga de la carne o la matanza de Santa María de Iquique. Siempre hay heridos; siempre hay muertos. Y ellas no ignoraban el peligro. Pero había algo de heroísmo en convencer a otros y otras que el riesgo valía la pena, sobre todo cuando hay consciencia de que lo que tiene que mejorar también alude a las futuras generaciones. Esa solidaridad es eterna y muchas de estas mujeres estuvieron dispuestas a dar su vida en ello: «Y mientras que esas bestias de carga lanzan en comicios sus tristes dolores, hambres y desnudeces producidas por la mezquindad del capitalista, caerán sobre ellos las bayonetas de los sayones, masacrando esa infeliz carne de pueblo»[5].

Imagino que en ciertos círculos consideraron caminos más institucionales; la elección de políticos cercanos al proletariado, nuevas mesas de trabajo, trabajo en el territorio. Pero, generalmente, las primeras en ser postergadas en cada uno de estos «arreglos» o «mejoras» fueron las mujeres. La pelea entonces tendrá que ser a través de la palabra, para ellas, única forma de derrocar el capitalismo. La palabra revolucionaria hizo el eco suficiente para movilizar, en todo el mundo, las huelgas y protestas. Estas se rigieron por una ideología de corte marxista —dudo que la mayoría haya leído a Marx— porque a principios de siglo no existía un sis-

---

4   «En el palenque», *La Palanca*, año I, número 1, 1 de mayo de 1908, pág. 2
5   «La Huelga en Antofagasta», *La Alborada*, año I, número 9, febrero de 1906, pág. 1

tema que realmente pudiera equilibrar la balanza en términos de igualdad y justicia laboral. En este sentido, los periódicos obreros se cuadraron universalmente en el camino de la lucha de clase, y por ende se desencadenaron las protestas, los paros y una faceta revolucionaria que fue agarrando fuerza conforme pasaban los años.

> Convencida de lo que esperan a los pueblos cuando se atreven a pedir a nuestros gobernantes una mísera proyección a sus desgastados miembros, una ola de indignación corre por mis venas y deseara transmitir a mis compañeros ese vivo sentimiento, para que muy luego formáramos los eslabones de esa inmensa cadena de brazos proletarios que, solo se abrirán para derrocar a los tiranos que no saben compadecer a los esclavos del capital[6].

---

6   Eloísa Zurita: «1 de mayo», *La Alborada*, año I, número 13, 1 de mayo de 1906, pág. 2

CAPÍTULO II
Unidas en la inmundicia

Tenemos ya un contexto intelectual y social sobre estas mujeres. Quizás algo de ello sí aparece en los libros de historia, sin embargo, las distintas situaciones ligadas a un asunto de género no terminaba de ajustarse al patrón general de requerimientos del proletariado; para ellas, muchas de sus peticiones provienen del hecho de ser «mujeres» más allá del trabajo. Y es importante remarcar esto dentro del contexto en que se desenvolvieron estas organizaciones para entender cómo el feminismo fue un punto central dentro de la discusión, ya que muchos de los derechos básicos aún no existían para ellas.

Y, como dije, dada la necesidad, pero también, debido a este nuevo empoderamiento femenino, el trabajo comparece como un laberinto sin salida. Pero también como una posible forma de emancipación. Desde esta perspectiva, testimonial si se quiere, no parece tan radical la idea de revolución. En *La Alborada*, Esther Valdés contará, de manera muy elocuente, cómo era que funcionaba esta explotación.

Lo resumiré de la siguiente manera: en un taller de modas, diez operarias trabajan de ocho de la mañana a ocho de la noche, con una pausa de almuerzo de una hora y cuarto, o una hora y media, y normalmente completan diez vestidos para el fin de semana. Un martes, una clienta distinguida solicita varios vestidos para un evento ese fin de semana. La encargada del taller, aunque inicialmente se niega, termina aceptando con la condición de un pago extra considerable por cada vestido debido a la urgencia del pedido.

La encargada utiliza una táctica para obtener más dinero de la clienta y luego regresa al taller fingiendo indignación por el supuesto retraso en el trabajo. Acusa a las operarias de flojear y decreta que deberán trabajar hasta las diez de la noche sin tiempo para comer, presionándolas con amenazas de despido si no cumplen con sus demandas. La clienta ofrece pagar más, y la encargada acepta, sabiendo que llenará sus bolsillos a costa del esfuerzo extra de sus empleadas.

Las operarias se ven obligadas a aceptar las condiciones para mantener sus empleos, a pesar de las quejas sobre la falta de tiempo para comer y las dificultades de regresar a sus hogares tarde por la noche. La encargada se muestra inflexible y autoritaria, logrando que ninguna obrera se atreva a oponerse, lo que le permite cumplir con los pedidos y obtener mayores beneficios económicos.

Esta situación es un reflejo de la explotación laboral que enfrentan las operarias, quienes deben trabajar largas jornadas debido a la avaricia de los dueños del taller. Este ciclo de explotación se repite a menudo, especialmente durante las temporadas de alta demanda, como la época de ópera, fiestas de carnaval, septiembre, Pascua y Año Nuevo, evidenciando que el único motivo detrás de estas condiciones laborales es la búsqueda de ganancias por parte del capital[7].

Un segundo problema al que se enfrentaron en las fábricas era el de los talleres mismos. Sitios inmundos sin lugares para descansar, sin incentivos ni una ley que asegurara que las obreras pudieran emplearse dignamente. Esther Valdés contó su experiencia y describió el problema estructural en los talleres:

> La mala ubicación y distribución del taller, que por economía
> no se agranda, ni se hacen nuevas instalaciones de máquinas,
> mesones y enseres y donde no pueden trabajar más de un
> número dado de operarias, pues la mayor parte de los talleres
> son una pieza redonda, chica, sucia y sin ventilación o soberados
> [así se les llamaba antiguamente a los desvanes] pegados al techo

---

7 Esther Valdés: «Reglamentación de las horas de trabajo para la mujer obrera», *La Alborada*, año II, número 37, 24 de marzo de 1907, pág. 1 y número 38, abril de 1907, pág. 2

y muchas veces patios húmedos, empedrados o embaldosados, o pasadizos donde dominan corrientes de aire.

(He trabajado en talleres, que eran una pieza de cuatro metros cuadrados con una sola puerta y donde había 8 operarias, sin más espacio donde darnos vuelta, que el banco en que nos sentábamos)[8].

Además, los salarios eran bajos; muy bajos. Las mujeres podían recibir hasta el 90% menos del sueldo en comparación con un hombre. Y además se llevaban la doble jornada con hasta dieciséis horas de pie, para luego tener que hacerse cargo de la casa. Me interesa pensar las consecuencias en la salud física y mental que pudieron haber tenido estas condiciones, en tiempos en que no existía el concepto de «depresión» o de «estrés», por ejemplo. Además de ver cómo muchas de sus compañeras desistían en el camino por enfermedad, agotamiento y, en los casos más severos, muerte. Tantas muertes que quedaron silenciadas. ¿Cuántas habrán sido? ¿Qué mujeres fueron víctimas de un tipo de «homicidio» sin culpables ni penas; muertes que nunca sabremos? Generaciones enteras de trabajadoras comprendieron sus vidas como dispensables, y la injusticia, intolerable.

Hacía muchos años que de descendencia en descendencia, veníamos heredando, esta, nuestra triste y explotada condición, sirviendo mansamente de máquinas de producción, llenando cada año los talleres y fábricas, reemplazando los puestos que nuestras hermanas dejaron vacíos, después de consumir en ellos todas sus energías, cuando sus músculos y fuerzas nada produjeron y bambaleando como pesados fardos llenos de inmundicias, fueron a terminar su vía crucis en las blanqueadas salas de un hospital[9].

---

8 «Reglamentación de las horas de trabajo para la mujer obrera», *La Alborada*, año II, número 38, 6 de abril de 1907, pág. 2

9 Esther Valdés: «Despertar: Para el valiente adalid femenino La Alborada», *La Alborada*, año II, número 20, 18 de noviembre de 1906, pág. 1

Los problemas, a propósito de la desigualdad de género, vinieron a instalarse como una de las luchas centrales del feminismo desde la Revolución Francesa. Han sido las feministas —independiente de su ideología— las que han señalado propuestas concretas para mejorar legislaciones, costumbres, trato, y de nuevo, exponer las injusticias que subyacen en la cultura, para ir cambiando la concepción general respecto al género y a los distintos roles de la mujer en el marco social. Cada momento histórico tuvo a grupos feministas exponiendo sus necesidades, y conseguir así, derechos que hasta el momento (incluso hasta el día de hoy) les habían sido negados.

Una de las críticas centrales aludía a lo que hoy conocemos como patriarcado, que se refiere al sistema institucional/social que mantiene la subordinación e invisibilización de las mujeres por parte de los hombres. El patriarcado es un sistema político, económico y cultural que, históricamente, ha construido y reproducido la desigualdad de género. Durante el siglo XIX, esta dominación fue ampliamente criticada por distintos autores prestigiosos desde el liberalistas hasta el socialistas.

Si bien ya revisamos las ideas de Alexandra Kollontai y Rosa Luxemburgo, hubo más pensadoras y pensadores que trataron este tema. Mary Wollstonecraft, feminista inglesa del siglo XVIII, en su libro *Vindicación de los derechos de la Mujer* escribió sobre lo perjudicial del patriarcado; señala ahí que la culpa de esta subordinación era la falta de educación y oportunidades de la mujer. A la misma conclusión llegó John Stuart Mill, importante filósofo liberal que en 1869 escribió el libro *La esclavitud de la mujer* donde pide expresamente igualdad: «a la mujer la misma libertad que tiene el hombre para emplear sus facultades en el sentido que mejor le cuadre, es decir, la libertad de instrucción y la libertad para hacer uso de sus conocimientos»[10].

Por cierto, en Chile ya estaban circulando estas ideas. Martina Barros Borgoño había ya traducido *La esclavitud de la mujer* entre 1872 y 1873, por lo que estas discusiones no solo se estaban dando

---

10 John Stuart Mill: «La esclavitud de la mujer», *Revista de Santiago*, tomo II, 1872-1873, pág. 121

en Europa o Estados Unidos. Además, en 1877 se había aprobado el decreto Amunátegui; luego de años de lucha de las educadoras Isabel Le-Brun y Antonia Tarragó, se logró que las mujeres pudieran acceder a la universidad.

En ese contexto, cuando las obreras se referían al patriarcado, aunque lo asociaban a los hombres como sujetos, e incluso, ejemplificaban sus acciones a través de sus mismos compañeros obreros o en sus propias familias, tuvieron también la noción de que los gobiernos y las estructuras políticas solo tenían como foco la mejora en la vida de sus ciudadanos hombres.

> Las sociedades humanas cambian en su organización, de monarquías absolutas en constitucionales y en repúblicas; pero estas formas, si [bien] concluyen con el sufrimiento de una parte de la colectividad de los hombres, no mejora en nada la situación social de la mujer proletaria[11].

En términos más concretos, en sus columnas, las autoras de *La Alborada*, aunque ilustran los abusos específicos que recibían por parte de los hombres, siempre tuvieron una mirada más global del asunto. Si se quiere, una visión más teórica respecto a cómo estaba articulado el rol de la mujer dentro de lo social; las implicancias del concepto de patriarcado y la diferencia que da el género, que para ellas estará por sobre la idea de clase. Quizás intentaban concientizar a otras mujeres de que, más allá de sus ideologías, el hecho de «ser mujer» era sinónimo de «ser víctima». El patriarcado permeaba su cotidianidad y el feminismo permitió la teoría necesaria para ganar discusiones intelectuales, así como también para movilizar a los distintos actores sociales vinculados a la igualdad de género.

En ese sentido, las autoras de *La Alborada* y *La Palanca* proponen que el patriarcado no estaba dado solo por la opresión de los hombres, sino que también, responsabilizan a las propias mujeres de perpetuar estas ideas. Por eso en varias de sus columnas critican

---

11   Sara Cádiz: «Sobre organización femenina obrera», *La Palanca*, año I, número 2, junio de 1908, pág. 6

cómo, por distintas razones, las mujeres han sostenido en el tiempo un sistema que no las beneficia, y que, por eso, esta suerte de esclavitud no se daba solo por una estructura en la que nacían atrapadas, sino también, por la falta de reflexión en cuanto a su lugar en el mundo y la cobardía de no querer tomar decisiones más acertadas respecto a su conveniencia. Carmela Jeria, lo comenta muy claramente en el siguiente párrafo:

> A mi juicio, el origen de la esclavitud que nos agobia no es la ignorancia que nos envuelve, no es tampoco la poca libertad que tenemos para entrar a compartir con el hombre de los problemas que le dan los negocios de la vida, sino que pura y exclusivamente es nuestra poca juiciosa pretensión de agradarlos en sus vanidades y locuras[12].

La idea de virtud, por ejemplo, será central en este ordenamiento. De lo que se espera al ser mujer, como ya he señalado, es una actitud obediente, dócil y casta. Existe un anhelo de rectitud en el pacto social entre instituciones y ciudadanía. A través de acuerdos y costumbres, hombres y mujeres deben convivir en esa forma de integridad. Sin embargo, como se entiende este concepto, no significaba lo mismo en un hombre que en una mujer. Mucho menos, el sistema se comprometía a escuchar las demandas del feminismo, a propósito de la errada concepción de virtud con la que se identifica —quizás hasta el día de hoy— lo que supone ser mujer.

> La virtud para nosotras es la gloria de llegar a no sentir nada humano; es el arte de helar nuestro espíritu y nuestros sentidos de manera que no comprendamos ninguno de los encantos de la vida; la virtud es para nosotras el ser prudente hasta el punto de arrojar de nuestra casa a toda creatura varonil que nos inspire simpatías; es secuestrarnos y encerrarnos de manera

---

12 Carmela Jeria: «¿Cómo emanciparnos?», *La Alborada*, año II, número 29, 27 de enero de 1907, pág. 1

que no nos arriesguemos a la seducción de la vista ni a la de la conversación[13].

En resumen, la idea de virtud era una forma de secuestro y silenciamiento. Y aunque el sistema las ha programado desde la infancia para encarnar dicho concepto, en sus periódicos, plantean ideas más modernas que sintetizaron el espíritu de los tiempos, con derechos y responsabilidades respecto al género. En este caso, la famosa virtud como principio rector de lo deseable para hombres y mujeres, se resignifica como una práctica más igualitaria, que incluye a los hombres y exige un trabajo mutuo, sin la subordinación de un género sobre el otro. La felicidad, así, está unida a la justicia y no escapa del sacrificio, sino que es una forma de pensar la existencia; una manera de vivir y no la pobre sobrevivencia que la clase obrera había experimentado hasta ahora.

Las columnistas eran conscientes de que las mujeres hemos sido criadas —desde nuestras antepasadas— para obedecer; para ser dóciles, adecuadas, castas. La educación femenina prepara a las niñas para ser madres y esposas; para seguir a sus maridos sin rechistar. Y es interesante que las obreras tuvieran conciencia de ello, y de las consecuencias que esa educación y esas decisiones trajeron a sus vidas. Por eso explican que al capitalismo le convenía su presencia:

> nuestra carne era más productora, —trabajábamos sin protestar, más horas— y aceptábamos la mitad del salario que el hombre recibía; y, por otra parte, acatábamos mansamente las odiosas exigencias y caprichos del capital y que el hombre no podía aceptar[14].

La educación era una trampa. La obediencia, de algún modo, estaba relacionada a alguna clase de abuso de sus jefes:

---

13 Hermancia Lesguillon: «De cómo entienden los hombres la virtud», *La Alborada*, año II, número 34, marzo de 1907, pág. 1

14 Esther Valdés: «Despertar: Para el valiente adalid femenino La Alborada», *La Alborada*, año II, número 20, 18 de noviembre de 1906, pág. 1

> Por felicidad yo entiendo, trabajar racional y conscientemente
> que el producto del trabajo proporcione lo necesario para vivir
> como «ser racional y civilizado» que se pueda cumplir decente y
> holgadamente con las necesidades de la vida y tener derecho a
> pensar en el porvenir, en la felicidad de los hijos y en el progreso
> del pedazo de tierra en que se vive[15].

La libertad, entonces, es ecuánime al concepto de felicidad. Así, el llamado es a despertar y a participar en la conquista de esta y, por ende, de su felicidad (término que creemos justo, pues aparece mencionado en varias columnas). La acción del movimiento feminista pondrá énfasis en propuestas activas. Las obreras no solo se quejan, sino que reflexionan a propósito de la idea de una mayor unidad entre ellas y otros actores sociales, que traerá los cambios necesarios para una existencia más digna, y aunque suene redundante, más feliz.

Desde una mirada más contemporánea, lo que las obreras escribían en *La Alborada* no se quedó en una propuesta simbólica. No podían. Apenas se empezaba a hablar de conceptos como «violencia de género», «abuso», «desigualdad», «machismo», «patriarcado». Lo que se escribía no podía quedar en la sola *performance*. Por ello, las trabajadoras de principio de siglo pusieron la simiente para que muchas de sus demandas se implementaran en el ámbito político, social y sistémico, y para cambiar mentalidades y falsas concepciones de lo que supone ser una mujer: «Hemos reforzado nuestro espíritu de sanas y viriles energías, encontrándonos más dispuestas que nunca a hacer campaña para que la mujer obrera se abra paso en el mar de sombras en que se agita»[16].

La «unidad» no era una palabra vacía, tenía un sentido bastante práctico para ellas. El pueblo siempre ha sido más numeroso que la élite, pero dado el miedo o el desgano, la clase trabajadora ha sido adoctrinada para no ver un «qué» cambiar y menos un «cómo». Sin embargo, la idea de mayoría sí hace temblar a los ricos. Ya había

---

15   Esther Valdés: «Reglamentación de las horas de trabajo para la mujer obrera», *La Alborada*, año II, número 39, 14 de abril de 1907, pág. 1

16   «En la brecha»: *La Alborada*, año II, número 19, 11 de noviembre de 1906, pág. 1

pasado con las revoluciones europeas del siglo XVIII y XIX. Las grandes transformaciones que han venido de la mano de la modernidad, y dicen relación con el concepto de equidad. Cuando la masa no es escuchada aparece el desorden, la violencia, y en el peor de los casos, la revolución y la guerra. Esto lo saben los grupos de poder, y aunque al principio harán oídos sordos, serán estos periódicos y las agrupaciones que se fueron formando, los que hicieron el ruido suficiente hasta ser tomados en cuenta, pues proponían la unión del proletariado para conseguir un nuevo pacto social; una nueva visión sobre la condición de la mujer, un sistema que respetara y enalteciera la virtud del trabajo por sobre el capital.

> Mientras que la inmensa mayoría de las mujeres de trabajo permanecen llorosas, gimiendo en la triste impotencia de esclavas, se ha levantado airosamente un grupo para señalar la ruta que deben de seguir sus hermanas de sufrimientos a medida que vayan despertando del sopor que las embarga[17].

17 Carmela Jeria: «La Sociedad Periodística La Alborada», *La Alborada*, año II, número 34, marzo de 1907, pág. 1

CAPÍTULO III
¿Dónde termina el problema?

Una de las problemáticas más extendidas durante esta época fue el alcoholismo y el despilfarro de dinero de sus maridos y parejas. Dinero que debía ser destinado a la manutención de la casa, de los hijos, de ellas mismas. En varias de estas columnas, las autoras revelan un enojo; quizás, eran los primeros atisbos de violencia dentro de su mundo privado de madres y esposas, que tendrán que sostener —no solo de forma organizativa, sino también económicamente— a sus familias. Y pienso que tal vez esto sea el ejemplo más concreto de la estructura patriarcal y la carga extra con la que hemos tenido que lidiar desde siempre cuando se piensa en lo doméstico o en la crianza. En este sentido, el alcoholismo transformó a sus compañeros en otro tipo de «carga», además de los problemas de dinero, salud y la miserable convivencia en la que vivían. Por estas razones, en sus diarios no solo denunciaban este tipo de prácticas continuamente, sino que también apoyaron la idea del cierre de cantinas los fines de semana. En el año 1908, justamente se atrevieron a dejar esta petición por escrito:

Si como medida previsora, las autoridades dispusieran el cierre de las cantinas desde el sábado en la tarde al lunes por la mañana, y como digno complemento se agregara la supresión de las carreras del día lunes, veríamos muy pronto disminución de alcohólicos, crímenes y escándalos, y los talleres, fábricas y faenas contarían con sus operarios necesarios, y el hogar, el triste y abandonado hogar de la obrera, vería llegar con alegría el día sábado, y el extraviado consorte cumpliría con sus deberes de padre, de hijo o de hermano[18].

Varias veces —y en varias columnas— leo el catastro de burlas y la indiferencia de los hombres; burlas hacia sus propias esposas, hermanas, madres, hijas. Para qué hablar de los dirigentes de los distintos gremios que, con hipocresía, pregonaban sobre los derechos de sus compañeras, pero rara vez fueron capaces de entender eso que necesitaban: «el propagandista incansable del adelanto de la mujer se hace sordo a los ruegos de su esposa y solo por única respuesta, obtiene frases amargas e hirientes que le recuerdan su mísera condición de esclava»[19]. Sus mismos diarios fueron objeto de ataque por dirigentes importantes. Y estas autoras no tuvieron pudor en ridiculizarlos, ni exponer esta falsa militancia. Incluso si era *un* marido, *un* familiar o *un* connotado político y activista de la causa proletaria, las feministas no temieron exponerlos. La mirada y el ánimo de transformación, no solo de un sistema, sino de un trato directo hacia ellas, debía ser radical. Y muchas no se salvaron de las duras críticas que no tardaron en aparecer, ya que expusieron la conciencia que tenían respecto del *porqué* de sus silencios en la esfera de lo social; también, reconocían la responsabilidad del sistema patriarcal frente a la desigualdad, pero para «abrir los ojos del resto del mundo», las obreras necesitaban de la voluntad de todas.

Criticaron muchas veces a esas mujeres burguesas cómodas, que operaban como «adornos» para sus maridos; preocupadas de la ropa, los bailes y los eventos sociales, las imitaban con ironía. En un artículo de *La Alborada* lo resumen de la siguiente manera:

> ¡Qué demonios de mujeres esas, que quieren a la fuerza con sus insulsas propagandas, pidiendo tan solo progreso para la mujer, en vez de vestidos bonitos y adornos *modernistas* [cursiva de la autora], hacernos pasar a nosotros pacíficas ciudadanas que no queremos más que trajes![20]

18 «El vicio y el crimen legalizados», *La Palanca*, año I, número 2, junio de 1908, pág. 2
19 Carmela Jeria: «Nuestra situación», *La Alborada*, año II, número 29, 27 de enero de 1907, pág. 1
20 María Marín: «Cintas y lazos», *La Alborada*, año I, número 18, 11 de agosto de 1906, pág. 3

En segundo lugar, harán una fuerte crítica a las mismas obreras que trabajaban en bares, cantinas o prostíbulos, donde sus compañeros solían gastar el sueldo de sus hogares. Para ellas, el entretenimiento alejaba al proletariado de su causa y fomentaba el vicio que, a la larga, los perjudicaba a todos.

Pero uno de los problemas más graves estaba en sus propias casas. La crisis social que vivió Chile —por la escasez de trabajo, el encarecido costo de vida y el alcoholismo, cada vez más común entre los obreros— había empobrecido a las familias. Las mujeres se vieron, entonces, en la necesidad de trabajar más para mantener sus casas, a los hijos; sosteniendo un mundo que cambiaba rápido y sin ningún resguardo. Y esta fue una obligación que se les impuso a muy temprana edad, como señala Esther Valdés:

> Apenas hemos llegado a los diez años —y muchas veces antes—, las escaseces del hogar nos han obligado a desprendernos de los brazos de nuestra sencilla madre, para ir en humillante peregrinación, de taller en taller, de fábrica en fábrica, a ganar el mendrugo que las fuerzas explotadas de nuestros padres o hermanos, o bien sus vicios, no han alcanzado a sustentar a la vasta prole[21].

Y serán niñas las que tuvieron que partir a la fábrica. Sus madres iban con ellas; madres, hijas, atrapadas en la misma jaula. Es decir, no hay espacio para la infancia. No hay juegos, sino que el escenario de la niñez es el trabajo y la responsabilidad. Es lógico, ¿quién cuida a los hijos e hijas del mundo obrero? Nadie. Sin cuidado, la solución era que trabajaran, que pidieran dinero en las calles o, muchas veces, que sobrevivieran haciendo lo que fuera necesario para conseguir monedas o algo para comer. La infancia era pura sobrevivencia.

En ese sentido, lo más seguro para muchas mujeres fue tener a sus hijos cerca. Sobre todo, a las niñas, para así cuidarlas del peligro inminente de la calle y los abusos de cualquier tipo. Entonces, quizás lo mejor que podía pasarles era que las hijas trabajaran junto a

---

21   Esther Valdés: «Despertar: Para el valiente adalid femenino La Alborada», *La Alborada*, año II, número 19, 11 de noviembre de 1906, pág. 2

sus madres. Al menos el trabajo es un *bien*; una actividad que dignifica y da grandeza a su existencia. La mayoría de las obreras que escribieron percibían su propio quehacer y el de sus familias como algo positivo, que les permitía ser de gran ayuda para sus padres, hermanos o maridos.

Los niños o las niñas que nacían pobres tenían pocas oportunidades, suponían un costo importante para las familias y, en un mundo donde no existían mecanismos efectivos de control de la natalidad, eso significó que, apenas pudieran trabajar, partían a las fábricas, muchas veces de 8 o 9 años. Así, más que costear los estudios, la educación de los hijos significaba un sueldo menos en la economía familiar. Coser botones, limpiar fábricas, transportar elementos propios de cada rubro, formaba parte de su quehacer en los talleres. De este modo, vuelvo a retomar la idea de la cosmovisión patriarcal pues, a muy temprana edad, las niñas tendrán que entender que merecen ganar menos que sus hermanos y que, además, deben ayudar con labores en la casa solo por ser mujeres.

Por otro lado, los liceos de mujeres —hasta ese momento— eran escasos y siempre estuvieron pensados para una élite. Las obreras lo señalan lúcidamente en el primer número de *La Alborada*. Habían avanzado poco, lo sabían; pero, con el tiempo, el eco de sus escritos empezó a mover partes del sistema.

> Hace apenas dos años que mi sencillo espíritu se ha sublevado, ante la inhumana explotación que el capital hace de nuestras fuerzas y labor. Y sabéis, buenas compañeras, ¿por qué sucedió este natural fenómeno? Sencillamente, porque la lectura de los buenos libros y la asistencia a sociedades y centros de ilustración, donde se hacía conocer los deberes y derechos del proletario, despertaron en mi ser, esta sed de justicia[22].

Históricamente la educación de las mujeres no ha sido nunca una prioridad para el Estado, ni para los padres, hermanos, maridos

---

22   Esther Valdés: «La Asociación de Costureras», *La Alborada*, año II, número 29, 20 de enero de 1907, pág. 3

y sacerdotes. Ni en la Colonia o la Independencia o en las distintas épocas de la historia de Chile. Sin embargo, durante el siglo xix, algunas mujeres de la élite o que pertenecían a alguna congregación religiosa, abrieron escuelas privadas para niñas. Recién a fines del siglo xix, se inauguraron liceos para niñas costeados por el Estado; entonces, mientras estos periódicos se escribían, a la fecha, solo existían veinticinco liceos femeninos en todo el país. Por cierto —y quiero enfatizar en esto—, las escuelas existían primordialmente para las familias que podían costear que sus hijas estudiaran. Es decir, niñas que, en vez de partir a las fábricas, pudieron entrar al colegio. Esto explica por qué, a nivel país, la ausencia y deserción escolar, a lo largo de los años, fuera altísima.

Además del tema económico, tenemos que recordar que los liceos y escuelas de niñas promovían una educación diferente a la de los hombres. A sus compañeros se los preparaba para la vida, el trabajo e incluso la universidad. En cambio, la educación femenina estuvo centrada en prepararlas para ser buenas madres y dueñas de casa; debían aprender desde pequeñas labores como coser, cocinar, higiene social y cuidado de la familia; desde niñas se les señalaba un solo destino sin otra alternativa que casarse y tener hijos.

Las obreras vieron en este modelo educativo, así como en la ausencia de educación formal y la ignorancia, la fuente de algunos de sus males más relevantes. Así también, y según los paradigmas de la época, vieron la instrucción de las mujeres como una oportunidad de criar hijos que aspiraran a más y mejores oportunidades en sus quehaceres. Para los tiempos que corrían, creo, esta línea de pensamiento mostraba una avanzada conciencia respecto a cómo ejercer los distintos roles que las mujeres tenían en el ámbito de lo privado, proyectado a lo público. Veían avances ahí. Progreso en conciencias más modernas que repensaran un sistema lleno de mejorías, a propósito de la educación y las letras.

> Queremos respirar un aire de progreso y libertad. Queremos que la mísera esclava de ayer, la explotada de hoy, ilumine su cerebro con lo benéficos rayos de la instrucción. Queremos que la mujer proletaria se eduque y no soporte por más tiempo el yugo ignominioso del despotismo. Un poco de instrucción pedimos

para la inseparable compañera del hombre, para la madre de las futuras generaciones[23].

Y aunque hasta el día de hoy aún no tengamos soluciones concretas para muchos de estos mismos problemas, las obreras sí vieron un camino que se enfocara principalmente en la educación de las niñas. Que ellas tuvieran acceso a conocimientos puede ser central a la hora de cambiar el *statu quo*, no solo para abrir los ojos, sino también con el fin de tener herramientas para no dejarse embestir ni abusar por los obreros ni los patrones, señalan en varias de sus columnas en *La Alborada*. Su lucha primera, entonces, será un llamado a educar a la población de manera transversal y preparar al proletariado para una vida más digna.

Ni en *La Alborada* ni en *La Palanca* existía una idea clara respecto al tipo de educación que necesitaban, sino más bien se esbozaron reflexiones que dicen relación con la necesidad de satisfacer la curiosidad y el deseo de saber de las niñas. En ese sentido, también las obreras y los distintos movimientos feministas del siglo XIX exigieron educarse como un derecho fundamental para la igualdad en la esfera de lo público. Analizan la importancia de repensar la misma educación, en base a la realidad de cada clase; educar al proletariado con contenido y asignaturas que puedan servir al trabajo. Otorgarle conocimientos para que así sepan cuándo y cómo exigir lo que por ley les corresponde. Lo recalcan en varios números distintas editoras y escritoras: saber leer, escribir y estar organizadas, permite un mayor conocimiento legal y otorga las habilidades necesarias para plantear sus demandas.

> Mientras mayor número de escuelas existan, donde el obrero vaya a nutrir su inteligencia, menor será el número de ignorantes y de humillados, y más fácilmente escalaremos el sendero que nos llevará a la cúspide de nuestras sublimes aspiraciones.
>
> [...]

23 «En la brecha»: *La Alborada*, año II, número 19, 11 de noviembre de 1906, pág. 1

> Aúnense los hombres de bien, los que en sus almas sienten un
> puro amor a la clase proletaria y todos juntos hagamos algo más
> práctico, llevemos a tanto inculto cerebro ideas sanas y buenas,
> el conocimiento de sus derechos y sus deberes, y lo que es más,
> enseñémosle a libertarse del yugo que los oprime[24].

Es entonces una educación que sirve de mecanismo para que las mujeres «despierten» de ese supuesto letargo producido por la ignorancia. ¿Despertar para qué?, me pregunto, y supongo que para unirse a la causa; las editoras de los periódicos no imaginaban otra alternativa para reflexionar sobre una «conciencia de género», «clase» e «igualdad» entre las mujeres. Para ellas, con un poco de educación todas se unirían en una misma necesidad.

Los cambios culturales, los cambios en el sistema y en los paradigmas asociados son lentos. Y curiosamente el voto femenino no estuvo dentro de las prioridades del feminismo. Probablemente, o no sabían tanto de política, o bien, la política tradicional estaba asociada a un espacio masculinizado, desconectado de su realidad, y por eso, lejano a los requerimientos de estas mujeres. Recordemos que el mundo político, hasta hace poco en nuestra historia, ha estado asociado a una élite y, por lo tanto, la obrera no vio en el voto una oportunidad de mejoría y se enfocó en la dignidad de su quehacer y en lo que, en ese minuto, sí las concernía de cerca, pues era de lo que más sabían: el trabajo.

Así, ordenaron sus prioridades de la siguiente manera:

1. Organizarse por gremios para protegerse de los abusos patronales; hacerse pagar un salario que corresponda a los sacrificios aportados al trabajo; disminuir las horas de este y abolir la jornada nocturna.

2. Instruirse a fin de ser conscientes y fuertes para defender sus santos derechos y preparar para la lucha a sus hijos[25].

---

24 Carmela Jeria: «Las Sociedades de Socorros Mutuos», *La Alborada*, año I, número 10, primera quincena de marzo de 1906, pág. 1

25 Sara Cádiz: «Sobre organización femenina obrera», *La Palanca,* año I, número 2, 4 de junio de 1908, pág. 6

Estas peticiones son planteadas desde una narrativa combativa, y sentimental en algunos casos. Pienso que, en este afán, podemos leer urgencia, miseria, desesperación; llegar a otros y otras desde un lenguaje que apele a lo emocional ¿quizás?, y que esas repercusiones se tradujeran en sensibilizar a sus lectores y lectoras. En ese sentido, una de las demandas elementales tiene que ver con el tiempo; con la necesidad de disminuir la jornada a ocho horas diarias. Un horario más equilibrado se volverá crucial para las protestas y marchas del movimiento obrero que tendrá su apogeo durante la década de los veinte. Lucha que, por lo demás, se estaba dando en otras partes del mundo.

El referente será ese 1 de mayo de 1886, cuando miles de trabajadores se unieron en una huelga masiva, justamente para reducir la jornada laboral a las ocho horas. La protesta fue liderada por sindicatos y activistas, y se produjeron enfrentamientos violentos entre la policía y los manifestantes en la plaza Haymarket. En medio del caos, una bomba estalló, y murieron varios policías y civiles. Esto trajo represalias contra los líderes laborales y devino en un controvertido juicio que culminó en activistas presos y ejecuciones en la horca, pero también esta marcha consolida el movimiento obrero. Estas ocho horas de trabajo implicaban tiempo para cuidar a la familia y estudiar. El tiempo era algo primordial porque no solo escaseaba, sino que las alejaba de todas las actividades que eran útiles para continuar con la evolución obvia, respecto a su crecimiento como mujeres pensantes y, por ende, con un lugar distinto en el mundo. Las ocho horas serán el emblema del trabajo, de muchas de las columnas de estos diarios y, por cierto, una de las razones por las que se celebra el 1 de mayo, entre otras cosas.

> No retrocedamos en nuestro santo empeño; emprendamos valerosamente la campaña en pro de la jornada de las 8 horas de trabajo; luchemos briosamente por la limitación razonada y humana, de las horas de labor. Esa conquista sería, algo así como una brisa pura y refrescante que disipará de nuestra mente la terrible situación en que nos encontramos sumergidas debido a la ignorancia que nos proporciona nuestra precaria

situación, no dejándonos tiempo para obtener los elementales conocimientos para la lucha por la existencia[26].

La Alborada y *La Palanca* solo duraron tres años, y muchos de los temas que primaban no pudieron profundizarse. Sin embargo, algunas pequeñas pistas que se deslizaron en sus páginas aún nos siguen apenando. Un ejemplo de esto fue el tema del abuso sexual generalizado. El abuso se conservaba como un secreto a voces, si bien no fue abordado en sus columnas con la especificidad o claridad suficientes a la que hoy estamos acostumbradas. Para muchas, este era un tema del que no se hablaba, y que, por lo pronto, era una vergüenza para las víctimas. Sin embargo, los peligros de la noche y de la calle —que hasta hoy nos agobian— fueron una de las razones primordiales para que la legislación las protegiera de la jornada nocturna. Y aunque el abuso se daba a vista y paciencia de todos, pero estos casos se silenciaban y no salían a la luz pública, ellas tuvieron que mencionarlo.

> Bajo el punto de vista de la moralidad debemos exigir la limitación de las horas de trabajo, lo que traería por consecuencia la supresión de la costumbre de trabajar en la noche, pues saliendo las operarias de los talleres, fábricas a las cinco o seis de la tarde, no están expuestas a comprometer su virtud en las sombras de la noche[27].

Curiosamente, en Chile, uno de los argumentos para reducir las cuarenta y cuatro horas semanales a cuarenta tuvo que ver con la idea de que los trabajadores «descansados» lo harían mejor, en dicha argumentación se habló de «efectividad». Las mujeres que trabajaban en *La Alborada* y *La Palanca* ya conocían estos conceptos. Y lo plantearon antes en sus columnas y reflexiones. La familia, el hogar, su propia seguridad y el «buen quehacer» en sus trabajos serán quizás algunas de las convicciones que muevan la aguja hacia ese incipiente feminismo. Una historia muchas veces olvidada que nos

---

26 Carmela Jeria: «La fiesta del trabajo», *La Alborada*, año II, número 41, mayo de 1907, pág. 1
27 Esther Valdés: «Reglamentación de las horas de trabajo para la mujer obrera», *La Alborada*, año II, número 40, 21 de abril de 1907, pág. 1

ha hecho creer que el feminismo actual es novedoso; quizás para muchas mujeres sí, pero solo hace falta escarbar en nuestra historia para saber que estamos hablando casi de las mismas preguntas que se formularon hace más de 100 años.

Por otra parte, es crucial resaltar cómo estos argumentos y luchas reflejaron una intersección de intereses económicos, sociales y morales. Las obreras querían proponer cambios que beneficiarían a la sociedad en su conjunto, he ahí también su mentalidad de avanzada. Pensar un mundo conjunto en donde «lo colaborativo» favorecería a todos y todas. Al mejorar sus condiciones de trabajo, estaban contribuyendo a una mayor estabilidad social y económica, mostrando una visión integradora que iba más allá de sus propias necesidades inmediatas. La lucha por la reducción de la jornada laboral también se conectaba con la necesidad de un mayor reconocimiento y valoración del trabajo femenino. Las obreras de *La Alborada* y *La Palanca* estaban desafiando las normas que subestimaban el valor de su trabajo y sus derechos. Al hacerlo, estaban plantando las semillas de un movimiento que buscaría la igualdad y el reconocimiento de las mujeres en todos los aspectos de su quehacer.

El feminismo que surgía en las páginas de estas publicaciones era un feminismo pragmático, basado en la experiencia cotidiana de las mujeres. No era pura teoría abstracta, sino una respuesta directa a las condiciones con las que tenían que lidiar a diario. Aquí proponían soluciones concretas a problemas reales, mostrando una clara comprensión de las interconexiones entre las distintas esferas de su vida: el trabajo, la familia, la seguridad y la salud.

Por último, es crucial reconocer el legado de estas luchas y su relevancia para los movimientos feministas y laborales contemporáneos. Las demandas de las obreras de *La Alborada* y *La Palanca* siguen siendo significativas hasta hoy. Sus escritos y reflexiones nos ofrecen valiosas lecciones sobre la importancia de la solidaridad, la organización y la acción colectiva en la lucha por los derechos laborales y la igualdad de género. Así es como estas columnas son un punto de partida para un análisis interdisciplinario sobre el feminismo, los derechos de las mujeres, la historia, el mundo popular, etcétera; y pongo énfasis en que las distintas miradas sobre estas teorías pueden ser un vuelco, incluso, para lo que conocemos sobre la historia de Chile, incorporando en esta parte la relevancia de lo que fue el feminismo en su desarrollo y progreso. Recuperar estos diarios que, aunque breves, fueron sólidos en su canto a la fuerza y su manifestación de una idea de Estado. Las voces de *La Alborada* y *La Palanca* pueden dar luces sobre cómo llegamos hasta aquí en la lucha y qué debemos seguir persiguiendo para la construcción de un país donde la igualdad de género se lea como algo seguro en la constitución del Estado, el trabajo, el mundo de las empresas, la calle, la familia, las leyes, y así.

No quisiera cerrar este libro sin recordar que el feminismo es una posta, donde todas estas mujeres del pasado se nos aparecen para recordarnos lo que hicieron, lo que pensaron y lo que exigieron, y así darnos luces para continuar. No tengo ninguna duda que estas mujeres son fundamentales para la historia de nuestro país y es nuestro deber no solo recordarlas, sino repensar el presente y la historia a la luz de su significativo aporte a la República.

SEGUNDA PARTE

SELECCIÓN DE COLUMNAS

Nuestra primera palabra

La Alborada, número 1,
10 de septiembre de 1905

Nace a la vida periodística *La Alborada*, con el único y exclusivo objeto de defender a la clase proletaria, y muy en particular, a las vejadas trabajadoras.

Al fundar este periódico, no perseguimos otros ideales que trabajar con incansable y ardoroso tesón por el adelanto moral, material e intelectual de la mujer obrera y también por nuestros hermanos en sufrimientos, aquellos arrojados que tienen hambre de luz y de pan.

Creemos que la mujer debe despertar al clarín de los grandes movimientos para compartir con sus hermanos las tareas que traerán la felicidad a las generaciones venideras.

Debe, pues, la mujer tomar parte de la cruenta lucha entre el capital y el trabajo, e intelectualmente, debe de ocupar un puesto, defendiendo por medio de la pluma a los desheredados de la fortuna, a los huérfanos de la instrucción contra las tiranías a los burguesotes [*sic*] sin conciencia.

Para contribuir con nuestro modesto grano de arena a la obra colosal de engrandecimiento en bien de las huestes trabajadoras, fundamos esta pequeña hoja para que sirva como atalaya de la idea, llevando a los hogares proletarios las proyecciones luminosas de la razón y el derecho, e ilumine la mente de tantas mujeres de trabajo que yacen en la más completa oscuridad debido solo a la torpeza criminal de los de «arriba» [*sic*].

Ardientemente deseamos que la mujer algún día llegue al grado de adelanto del hombre, que tenga voluntad propia y se emancipe del pesado yugo de añejas creencias que la oprimen y que sea en un todo de conciencia independiente.

Las hijas del trabajo tendrán en *La Alborada* un representante en la prensa para que las defienda contra esos tiranos que sin cortesía, cometen los mayores desmanes cuando tienen bajo su mando a indefensas mujeres.

Como lo decimos, al fundar este periódico nos han guiado los más puros sentimientos de humanidad, y el deseo justo y sincero de tomar parte en la cruzada de regeneración. Y deseamos vivamente que muy pronto las clases trabajadoras que luchan por conseguir un poco de bienestar sean iluminadas por el fulgor espléndido del triunfo.

No buscamos glorias ni ganancias; pues es muy sabido que toda empresa periodística solo deja amargos sinsabores. No poseemos más causas para la publicación de *La Alborada*, que la firme voluntad que nos anima y la satisfacción que experimentamos de alentar a nuestros hermanos y decirles que las proletarias están a su lado para afrontar los peligros de la lucha y ¡adelante!

Espera *La Alborada*, confiadamente, que sus hermanos de trabajo nos ayuden para poder seguir adelante en los propósitos que nos hemos puesto.

Al saludar *La Alborada* en su primer número a todos los trabajadores, en una palabra, a toda la familia proletaria, y poner de manifiesto los ideales sanos y buenos que nos guían, cumplimos con el deber de ofrecer sus columnas para que nos expongan sus quejas y se impongan de las iniquidades criminales que usan los despóticos explotadores del trabajador.

Saludamos también a todos nuestros colegas que trabajan por la conquista de los bellos ideales de la igualdad y la fraternidad, y al entrar al campo periodístico, les decimos que estas páginas serán un ariete más que caerá rudamente sobre la canalla dorada para sancionar sus actos.

CARMELA JERIA

Hoja de laurel

La Alborada, número 2,
octubre de 1905

No le puedo dar otro nombre. Me agrada de sobremanera, y como tal, la ostentaré en mi misión de defender a los proletarios por medio de mi humilde y modesta pluma.

Pero para que nuestros lectores y amigos se impongan de lo que pomposamente llamo «Hoja de Laurel», relataré un hecho sucedido hace varios días, o sea el motivo de mi retirada de la Litografía Gillet, en la que durante cinco años había trabajado.

Por el motivo de mi viaje a la 4ª Convención Obrera, solicité permiso al administrador por el espacio de quince días, para asistir a esa gran asamblea de los trabajadores y tomar datos que me permitieran relatar el resultado de esa Convención, y también, dejar instaladas en Santiago y provincias las agencias para las suscripciones de *La Alborada*. El señor administrador se negó rotundamente argumentando razones para él muy sabias, desoyendo los más justos y razonables argumentos, en vista de que nunca se me había negado los permisos que solicitaba. Mas, parece que el administrador no estaba de buen humor, o tenían una razón muy poderosa para no acceder a mi pedido.

Como conclusión a nuestra entrevista, me dijo, que yo solicitaba permiso, «porque tal vez tenía algún «negocio» que me preocupaba [sic]», y que optara por el taller o por el «negocio». Con esto me puso, como vulgarmente se dice, entre la espada y la pared, es decir, debía optar por ganar un sueldo con el que apenas alcanzaba para mi subsistencia como una esclava del taller, sin libertad para mis acciones o decisiones, o si no, irme de ahí, y ofrecer mis modestas páginas a la causa noble y sana de mis hermanos de luchas y sufrimientos.

Entonces se me presentaron dos sendas, fáciles ambas: una con un puesto sí, pero monótona, pues, no podría atender a mi «negocio» tal como deseaba, y la otra sin más expectativa que ser útil y defender a mis compañeras de taller. No me quedó otro camino que escoger el más honroso y noble, para así poder, libremente, tomar parte en la cruzada de transformación en que hoy se encuentran empeñadas las clases trabajadoras.

Para nadie será incomprensible que el «negocio» al que ha hecho alusión el señor administrador de la Litografía Gillet, no es otro que mi hoja *La Alborada*, diario que dirijo.

Es por eso que llamo y llamaré mi «Hoja de Laurel», a este nimio incidente, pues, lo considero el primer susto que ha producido *La Alborada*.

Con más sacrificios mantendré esta hoja, pero en mi alma siento la más íntima satisfacción de estar en la lucha y ayudar de una manera modesta, exigua si se quiere, a mis hermanos, los proletariados.

Con estas explicaciones, creo haber cumplido un deber, para que no se crea que fueron otros los motivos de mi salida de la Litografía Gillet. Aprovecho la ocasión para enviar un saludo a mis excompañeros y compañeras de taller. Ahora más que nunca estoy decidida para afrontar los peligros, no amedrentándome las amenazas de los sayones de los burgueses.

CARMELA JERIA

La luz de la razón y la justicia

La Alborada, número 10,
marzo de 1906

Cada nuevo día vemos aparecer en el horizonte luminosos rayos de luz que es la Razón y la Justicia, que va esparciendo sus rayos para alumbrar la senda por donde debe seguir la clase proletaria; poco a poco va desapareciendo ese oscuro velo que nos cubría con sus tinieblas, y hoy comprendemos que por mucho tiempo hemos sido víctima de la cruel tiranía de los burgueses, tratamos de romper ese yugo que nos oprime, tan solo pidiendo que se nos haga justicia.

Es por esto que día a día se forman nuevas asociaciones obreras en cada pueblo de la República, las cuales tienen que sufrir los atropellos e injusticias cometidos por las autoridades, quienes tratan de hostilizarnos de mil maneras, pero esto no nos amedrenta, al contrario, seguimos con más ardoroso empeño la propaganda, para así llegar algún día a ver colmadas nuestras aspiraciones, guiados siempre por la luz de la Razón y la Justicia.

Todos los obreros de la República deben cobijarse bajo esa bandera que es la de la Sociedad Mancomunal de Obreros, ella es la madre tierna y cariñosa que velará siempre por el bienestar y tranquilidad y les amparará en todas sus enfermedades y sacrificios. Ella es quien trata de romper ese yugo que les oprime.

BAUDINA PESSINI T.

En la brecha

La Alborada, número 19,
11 de noviembre de 1906

De nuevo nos ponemos en pie; alta la frente y la mirada intrépida empuñamos la pluma para defender nuestro sexo, que por tanto tiempo yace esclavo de ridículos y falsos prejuicios.

En el obligado silencio que hemos permanecido, durante más de dos meses, con motivo de la catástrofe que tan terriblemente azotó Valparaíso, hemos reforzado nuestro espíritu de sanas y viriles energías, encontrándonos más dispuestas que nunca, a hacer campaña para que la mujer obrera se abra paso en el mar de sombras en que se agita.

Marcharemos resueltas hacia el porvenir por la ruta que nos hemos trazado, mirando con desprecio las bravatas de algunos nerones que, con harto pesar, ven que la mujer obrera, quiere de una vez por todas, arrojar lejos de sí, las crueles ligaduras que la retienen al lado de sus más criminales verdugos: la explotación y el engaño.

Queremos respirar un aire de progreso y libertad. Queremos que la mísera esclava de ayer, la explotada de hoy, ilumine su cerebro con los benéficos rayos de la instrucción. Queremos que la mujer proletaria se eduque y no soporte por más tiempo el yugo ignominioso del despotismo. Un poco de instrucción pedimos para la inseparable compañera del hombre, para la madre de las futuras generaciones.

No dudamos que toda persona amante del adelanto y bienestar de su patria, estarán afines con nuestros ideales y nos ayudarán a medida de sus fuerzas.

Al presentar nuestro periódico en Santiago, perseguimos el mismo ideal que nos acompañaba en Valparaíso: presentar una hoja a la mujer proletaria, debido al esfuerzo de sus compañeras, para que medite y estudie el mejor medio de llegar a un grado de verdadero adelanto.

No deseamos rivalizar con nadie, ni conquistar laureles y nuestra mayor gloria será, que la infeliz productora vea en nuestra hoja una hermana que cariñosa velará por su mejoramiento moral, material e intelectual.

Y al presentarnos aquí, donde tan buena acogida nos ha dispensado, saludamos a toda la clase productora de Santiago.

La Sociedad Periodística La Alborada

La Alborada, número 34,
marzo de 1907

Pocas veces hemos presenciado entre un grupo de compañeras, como las que forman la Sociedad Periodística, un entusiasmo más sano y lleno de viriles energías.

Esta es una prueba palpable de que la mujer obrera va poco a poco comprendiendo el puesto de avanzada que le corresponde en la lucha que tan bravamente se ha entablado entre el capital y el trabajo.

No basta ahora constituirse en sociedades de socorro mutuo, de resistencia o recreo, sino que, iluminadas sus mentes por un destello sublime de adelanto, a través de distintas acciones, se constituyen en sociedad para dar robusta vida a un periódico que defiende sus intereses y los del proletariado en general.

Y mientras que la inmensa mayoría de las mujeres de trabajo permanecen llorosas, gimiendo en la triste impotencia de su esclavitud, se ha levantado airosamente un grupo para señalar la ruta que deben seguir sus hermanas de sufrimientos, a medida que vayan despertando del sopor que las embarga.

Si nuestras compañeras de fábricas y talleres se cobijaran bajo el pendón enarbolado; si todas nos uniéramos, no para lamentarnos de nuestra humillante situación de esclavas, sino para pedir estrechas cuentas a nuestros tiranos, y al mismo tiempo, para estudiar con dedicación y así, independizarnos de las cadenas que nos oprimen, entonces se nos respetaría donde quiera que fuéramos y se daría fin al monopolio de las libertades del hombre.

Pero a falta de un crecido número, la veintena de mujeres que componen la Sociedad Periodística *La Alborada*, no se dan un momento de reposo para trabajar por el bien general.

Sus acuerdos a cuál de todos más importantes, se procuran poner en práctica a la brevedad posible.

En una de sus últimas reuniones se recordó echar las bases de una academia o centro de estudios, formado por obreras que pertenezcan a la sociedad o, ajenas a ella.

Se procuraría la formación de una biblioteca y habría certámenes permanentes en los cuales se premiarían los mejores trabajos, ya fuera con objetos de arte o bien, publicándolos en el periódico como forma de estímulo.

Este centro o academia vendría a llenar una de las necesidades que más se siente entre las mujeres: una Biblioteca que procure buenos y útiles libros para que la mujer obrera con facilidad entre a trabajar por su propia emancipación.

Creemos que toda mujer que desea un futuro bienestar, que anhela días mejores, conquistados por su propio esfuerzo, no debe mirar con indiferencia esta idea, ni quedar inmóvil ante esta iniciativa, sino, correr presurosa a engrosar esta columna para dar pronto forma y vida a lo que nos conduciría a mejoras seguras.

Los beneficios que prestan las bibliotecas son inapreciables. Entre nosotras no existe alguna. Ahora, un centro o academia femenina en el que se estimulara el amor al estudio, y se iniciara en el pensamiento para poder escribir lo que se siente, sería un nuevo campo que se extendería a las jóvenes proletarias que en sus mentes ansiosas ya existe la curiosidad del saber.

Esta idea nacida de un grupo de sumisas esclavas del taller no debe ser mirada con indiferencia por ningún miembro de nuestra clase, y ojalá que los compañeros, que actualmente se preocupan de la emancipación de la mujer, ayuden con sus esfuerzos a poner en práctica, lo más pronto posible, este bello ideal.

Procuremos, por todos los medios a nuestro alcance, de que la instrucción vaya tomando su debido lugar e importancia en nuestras mentes, para que así, podamos discernir lo verdadero de lo falso, y poder manifestar nuestras ideas y principios en cualquiera parte que nos encontremos, pues, siendo instruidas, esto nos dará derecho a pensar la realidad de otra forma.

En breve la Sociedad Periodística citará a una reunión preparatoria para sentar definitivamente las bases de la citada academia, y ojalá esta se vea bastante concurrida de las personas amantes de nuestra emancipación.

Esto sería la mejor coronación para las humildes y esforzadas iniciadoras de esa idea.

Por nuestra parte, no olvidemos que pende de nosotras mismas nuestro adelanto y ya es hora que pongamos todo empeño en obras que nos traerán claridades sublimes a nuestra mente.

CARMELA JERIA

Tras el bienestar

La Alborada, número 17,
julio de 1906

Las proletarias de Chile, víctimas del taller, están despertando del sopor en que han permanecido la mayor parte de sus vidas. El pesado velo de la ignorancia que ante su vista se extendía está próximo a caer, dando paso en su mente a la verdad y la ciencia.

Estas alumbrarán con rayos benéficos el sendero de sus vidas, que hoy, aún permanece en la más espantosa penumbra, debido a los antojos viles de los enemigos de la luz, de los apóstoles del oscurantismo reinante en nuestro país.

Cuando las hijas del pueblo se encuentren libres por completo de añejas preocupaciones, de torpes rutinas, entonces caminarán resueltas y serenas, protegidas por sus propias energías intelectuales, a conquistar aquellos derechos que hasta hoy han sido monopolio exclusivo del hombre.

De que la mujer obrera va en vías de una posición libre e instruida, nos lo demuestra las fundaciones de sociedades de Resistencia y Socorros Mutuos que día a día, aparecen ofreciendo un vasto campo para deliberar todos aquellos puntos que reportan un bienestar económico e intelectual.

En Tocopilla, Chañaral y otros pueblos que por hoy se nos olvidan, se han fundado mancomunales de obreras en las que sobresalen inteligentísimas y entusiastas proletarias que prometen ser, mediante el estudio, unas luchadoras enérgicas y convencidas en pro de su sexo.

En Antofagasta descolla la Sociedad de Socorros Mutuos, que cobija en su seno a una pléyade de inteligentes mujeres que luchan con la palabra y la pluma. Han fundado una escuela nocturna para obreras, en la que reciben educación las trabajadoras que obligadas por las circunstancias, tienen que asistir en edad temprana a los talleres.

En Santiago trabajan con tesón las obreras del gremio de costuras para constituirse definitivamente en sociedad de resistencia y hace unos pocos días, se han sentado las bases de un ateneo femenino.

En muchos otros actos la mujer obrera está dando a conocer sus tendencias a la instrucción y la sociabilidad. Sus pasos son todavía tímidos y aún queda en el alma de algunas que se han iniciado en la lucha del bienestar común, aquel eterno temor al «qué dirán».

Es por esto que la mayoría se retrae de engrosar las filas que en todas partes se aprestan para poner atajo a los abusos del capital.

Pero otras desdeñando todo aquello que es rutina y costumbre, están de pie y con entusiasmo, han emprendido el camino que nos ha de conducir a la cúspide de nuestro bienestar.

¡Bien por todas las obreras que altivas se levantan, dispuestas a no soportar por más tiempo el yugo ignominioso que sobre nuestras cabezas pesa!

CARMELA JERIA

Tiranías

La Alborada, número 18,
11 de agosto de 1906

Aunque vivimos en un país, que dice su constitución, es libre y republicano, a veces, dudamos que esto sea verdad frente a la tiranía en que algunos hechos se desarrollan.

Creemos, más bien, que estamos en una pequeña Rusia, en que los gritos de libertad y justicia son acallados en mazmorras, o bien, confundidos con el ruido de sables y fusiles.

Una ola de indignación colorea nuestras mejillas cada vez que nos imponemos de los desmanes, que combatimos a los tiranos que están en el poder.

Una voz se levanta en nuestra alma, gritándonos ¡cobardes!, cuando soportamos el cúmulo de tropelías que —se puede decir— se cometen a diario con nuestros hermanos. Y esa voz se ha levantado hoy potente y con ira, para protestar enérgicamente del incalificable abuso cometido por las autoridades de Chañaral, en la persona del presidente de la mancomunal esa.

En la causa seguida al compañero Luis E. Gorigoitía, por el gran crimen de enviar un telegrama a la Cámara de Diputados, en la que protestaba del despojo hecho a Luis Recabarren de la representación parlamentaria, el promotor fiscal ha condenado a Gorigoitía a sufrir diez años de prisión y pagar mil pesos de multa.

He ahí, a un honrado hijo del pueblo que no ha cometido más delito que enrostrar la maldad a los abusadores, es sentenciado a sufrir una condena infame, mientras los asesinos del pueblo gozan de libertad.

Estas injusticias, estas tiranías que sobre el trabajador pesan, la falta absoluta de libertad para todos sus actos, ponen a la familia proletaria en una situación triste y humillante frente al proletariado universal.

Es preciso, compañeros, que recapacitemos y trabajemos por hacernos respetar como soberanos que somos, y no permitamos que nos priven de libertad.

Protestamos, pues, enérgicamente, por la infame sentencia sobre nuestro compañero Gorigoitía, y de ese lugar que él ocupa, que debía estarlo por uno de aquellos que mandan a cargar contra el pueblo.

CARMELA JERIA

Temor

La Alborada, número 4,
noviembre de 1905

Con este procedimiento, que será lo más correcto que se quiera, se deja establecido que los obreros de Valparaíso han sentido temor de llevar a cabo el sonado comicio, porque en la capital soldadesca asalariada para cargar bayonetas en contra del pueblo, dio una batida digna de figurar en las páginas de los heroicos hechos realizados para ahogar en sangre los gritos de hambre que lanza el trabajador.

Creemos que los obreros de Valparaíso se han adelantado mucho para asegurar la tranquilidad del pueblo; pues por la misma razón de los sucesos luctuosos acaecidos en Santiago debían de haber llevado a efecto el comicio para haber dado una prueba de nuestra compostura, y si todo el ejército que teníamos encima nos hubiera entorpecido nuestra acción, en la justa petición que hacíamos, era el momento propicio para vengar la sangre inocente que ha sido derramada en Santiago.

Hay un adagio que dice: «no dejes para mañana lo que puedes hacer hoy», y si los obreros de toda la república ya tenían conocimiento que los de este puerto efectuarían el comicio del 29 y ya todo estaba organizado, no debían haberlo aplazado, confiando en la palabra de nuestros gobernantes porque ellos hacen siempre promesas que nunca cumplen.

Los idos

La Alborada, número 4,
noviembre de 1905

Nosotras que hoy no más nos levantamos queremos de un modo humilde significar el respeto que nos merecen todos aquellos héroes de la clase obrera que han caído sustentando en sus corazones el amor a la causa a que dedicaron los mejores instantes de su vida.

Nosotras que estamos instruyéndonos en los hechos por ellos realizados, ofrendamos nuestras humildes flores, nacidas de la admiración y respeto.

Rendimos homenaje respetuoso a los que han pagado un tributo a la naturaleza, a tanto ser anónimo del trabajo, que en muda peregrinación han desfilado por este mundo, y a los héroes de la causa del pueblo que, en la lucha abierta con el destino, bajaron del sepulcro sin ver realizados los ensueños, que en su mente acariciaran, de libertad e igualdad.

SILVANA

La Huelga de Antofagasta

La Alborada, número 9, febrero de 1906

Hace poco se sucitó en Antofagasta un conflicto entre patrones y obreros, por disminución de horas de trabajo que ha degenerado en huelga. Ello no es más que la eterna queja de libertad y de hambre que irán lanzando de tarde en tarde todos los pueblos, mientras existe la tiranía explotadora.

Y mientras que esas bestias de carga lanzan en comicio sus tristes dolores, hambres y desnudeces producidas por la mezquindad del capitalista, caerán sobre ellos las bayonetas de los sayones, masacrando esa infeliz carne de pueblo.

Allá, como en los luctuosos sucesos del 12 de mayo y 22 de octubre, caerán muchos seres inocentes, tronchados por el plomo homicida de los zánganos.

Se han formulado también en Antofagasta Guardia del Orden, compuesta de aristócratas, que han lanzado a tontas y locas, cargas sobre la indefensa multitud.

En la estrechez de esos cerebros no puede haber reflexión para el gran mal que ocasionan. ¡Cuántos padres de numerosa familia e hijos, único sostén de ancianas madres, no serán acribilladas a balas por infames burgueses!

Y mientras que la proletaria familia llora desolada el triste y trágico fin de sus miembros que ganaban el pan a costa de tantos sacrificios, los homicidas ufanos y orgullosos relataran las proezas de sus «hechos de armas» matando a los «rotos».

En toda huelga condenaremos siempre la actitud amenazadora que toman para el pueblo los guardianes. No se puede negar que los ánimos de los huelguistas se encuentran excitados por la resistencia de los patrones y aun más se exaltan al verse rodeados y constantemente vigilados por los guardianes.

De ahí proviene forzosamente el choque, cayendo numerosas víctimas que no van preparadas para el ataque.

En todas partes donde se levante la voz del pueblo, pidiendo un poco más de bondad, encontrarán, a más resistencia de sus patrones una resistente muralla de brazos armados, listos para devastarlos.

Y mientras que los mutilados miembros son llevados a la fosa y la infeliz familia maldice a sus verdugos, causas de sus desgracias, los culpables de tanto dolor, los cínicos, son colmados de alabanzas y son premiados. ¡Oh, justicia!

Las Sociedades de Socorros Mutuos

La Alborada, número 10,
marzo de 1906

Día a día vemos que nuevas Instituciones de las llamadas de Socorros Mutuos, van naciendo en la sociabilidad obrera.

Aunque esto no nos desagrada, porque ahí, el proletario va recibiendo la preparación necesaria para entrar en la lucha con nuevos ideales. Lamentamos, sí, que la mayoría de las instituciones lleven una vida lánguida, o mejor dicho, estéril.

Según nuestra humilde opinión, tiempo es ya de que las colectividades de Socorro Mutuo entren a un período más animado y reaccionen sobre las prácticas de socorro hacia sus hermanos, los desheredados de la fortuna.

Desde su despertar, los avances que han tenido se puede decir con franqueza, que han sido escasos, concretándose ahora —como antes— a sesionar, dar cuenta de enfermos, atenderlos, asistir a sus funerales y elegir directorios cada seis meses o un año. Eso no es nada y aun es totalmente nulo, dadas las nuevas y libertarias ideas que van bullendo en el cerebro del proletariado.

Corresponde a estas instituciones, por ser las primeras que se fundaron, entrar a un camino más práctico e ir sembrando la fecunda savia de la instrucción.

Aúnen sus fuerzas y el entusiasmo de sus miembros. Que dos o tres colectividades se funden en escuelas laicas para proletarios, ya sean diurnas o nocturnas. Destiérrese una vez por todas el funesto yo, y cumplamos con abnegación y valentía la misión que nos hemos impuesto, aportando nuestro contingente hacia el bien de la humanidad oprimida.

Mientras mayor número de escuelas exista, donde el obrero vaya a nutrir su inteligencia, menor será el número de ignorantes y humillados, y más fácilmente escalaremos el sendero que nos llevará a la cúspide de nuestras aspiraciones.

Formen, pues, con las colectividades de Socorros Mutuos, un núcleo poderoso y entusiasta, y prepárense para dar la batalla en contra del analfabetismo, el alcoholismo, el juego y otras inclinaciones que hacen figurar a nuestros productores como seres degenerados e inferiores.

Aúnense los hombres de bien, los que en sus almas sienten un puro amor a la clase proletaria y todos juntos hagamos algo más práctico, llevemos a tanto inculto cerebro ideas sanas y buenas, el conocimiento de sus derechos y sus deberes, y lo que es más, enseñémosle a liberarse del yugo que nos oprime.

Y así, en breve, todos los proletarios entonaremos el canto al saber, ¡la verdad y la idea!

CARMELA JERIA

1.° de Mayo

La Alborada, número 13,
mayo de 1906

Hemos querido también, nosotras, rendir tributo a esta fecha humana, de lucha, de dolor y de gloria.

Las banderas blancas de los explotados, tienen hoy un tinte rojo y negro. Roía por la sangre inocente derramada en aras de una idea noble y generosa, y negra, por el dolor de esos mártires de Chicago.

Hoy, 1 de mayo, todos los trabajadores saludan la pascua del productor.

Todos han desertado de los inmundos talleres y dando un momento de tregua a la esclavitud, han entonado el hossana al rojo pendón que hoy flamea, movido por el aire puro de la libertad.

En esta fecha de gloria, en que se dio el gran paso en Chicago, por las ocho horas de trabajo, se ahogó también en las cárceles, la voz de los misioneros del libre pensamiento, queriendo sofocar la propaganda de tan nobles ideas humanitarias.

Por los mártires de la tragedia de Chicago, consagramos hoy nuestro recuerdo, y hacemos vistos porque nuestros compañeros sigan trabajando con decisión en pos de tan regeneradoras ideas.

1.º de Mayo

La Alborada, número 13,
mayo de 1906

Grandiosa fecha de imperecedero recuerdo para la clase proletaria del planeta entero, yo, te admiro y te venero.

Tal día como hoy, hace veinte años, que la clase obrera de Chicago, hastiada por las innumerables tiranías de la canalla burguesa, lanzaban el primer grito de libertad, llevando a efecto la general huelga revolucionaria, que trajo para el proletariado las ocho horas de trabajo.

Tarea difícil nos sería, traer a la mente con los más vivos colores, aquella horrible carnicería humana.

Bástenos decir, que los sayones del capital alzaron sus armas fratricidas y miles de pechos generosos, cayeron acribillados y sedientos de justicia y libertad.

Hemos dicho que las grandes causas, tienen sus grandes mártires, y estos, deben ser los héroes a quien debemos imitar, las que amamos la justicia, la verdad y la razón.

El 1 de mayo debe ser para los obreros y especialmente para los compañeros de Chile, el mes de los derramamientos de sangre proletaria.

Aun tenemos perennes los luctuosos sucesos que se desarrollaron en Valparaíso, doce días después de esta fecha, el año 1903.

Por lo tanto, no es un día de

fiesta para nuestra clase, si no día de protesta, justa y espontánea, puesto que al recordar las numerosas víctimas caídas al grito de pan y justicia en Chicago y después en Valparaíso, ello no servirá para retemplar nuestro espíritu y demostrar a la burguesía chilena, que también estamos dispuestas a hacernos respetar.

Imitemos a los héroes de la hornada de ocho horas en Estados Unidos.

Aquellos mártires que tanto se preocuparon por la desigualdad de clases y que llenos de abnegación entregaron sus preciosas vidas por conquistar una pequeña garantía a la esclavitud obrera.

Los nombres de Adolfo Fisher, Jorge Engel, Alberto Parsons, Luis Linggs y Augusto Spies, ahorcados el 11 de noviembre de 1886, quedaron grabados con marcha de fuego en el corazón del mundo obrero, pues que, su generosa ofrenda en pro de sus hermanos de infortunio, los condujo al sacrificio, legando a las generaciones venideras el ejemplo de su arrojo y abnegación.

Obreros chilenos, que no seamos los que nos quedemos sin conquista esta pequeña garantía, de las muchas a que tenemos derecho de gozar, según las leyes de la naturaleza. Unámonos en estrecho consorcio fraternal y alcemos nuestras voces en demanda de protesta haciendo votos de trabajar incesantemente por conquistar la reivindicación de lo justos derechos de los hijos del trabajo.

Recordemos a la canalla dorada, que hay cuentas pendientes que ajustar en breve, cuando los obreros del universo unamos nuestros deseos y aspiraciones.

Fecha gloriosa yo te admiro y te venero.

Contemplo con intenso y doloroso sentimiento, aquellos acontecimientos de sangre y desolación.

Convencida de lo que esperan a los pueblos cuando se atreven a pedir a nuestros gobernantes una mísera proyección a sus desgastados miembros, una ola de indignación corre por mis venas y deseara transmitir a mis compañeros ese vivo sentimiento, para que muy luego formaremos los eslabones de esa inmensa cadena de brazos proletarios que, solo se abrirán para derrocar a los tiranos que no saben compadecer a los esclavos del capital.

Mi humilde pluma no ha podido enmudecer en tan memorable fecha y al brindar mi respetuoso homenaje a los obreros de Estados Unidos, lo hago doblemente a los compañeros de nuestra patria, los obreros de Valparaíso, como así mismo todas las sociedades y periódicos obreros que sean fundado en el 1 de mayo, en recuerdo y admiración del avance proletario.

¡Gloria y honor a las víctimas del día del trabajo!

ELOISA ZURITA

El 1.º de Mayo

La Alborada, número 14,
mayo de 1906

He tenido este año, la Fiesta del Trabajo, una lucidez como no la imaginábamos.

Desde temprano se notaba un aire de fiesta en nuestro puerto.

Todo el comercio amaneció con las puertas herméticamente cerradas, grupos de obreros recorrían las calles charlando sobre tan fausto día.

Todos los talleres, fábricas, todos permanecían solos, no se oía el ruido de las herramientas entonando el eterno canto del trabajo.

Era la pascua del proletario.

A las doce y media del día, empezó una enorme afluencia de gente, a llegar al punto de reunión para el desfile.

La extensa Gran Avenida se hizo estrecha para contener aquel mar humano.

Cuando se puso en movimiento la columna, no bajaría el número de treinta mil asistentes, que a medida que avanzaba iba engrosando.

Los oradores que hicieron uso de la palabra, en el trayecto, eran estrepitosamente aplaudidos.

La fuerza armada, que días antes había llegado, durante el desfile hacía aspavientos, corriendo e allá para acá, arrastrando el sable.

No tuvieron lugar a hacer uso de los proyectiles, pues, el pueblo dio muestras de cultura, dando así un soberbio mentís, a lo que los de arriba se piensan, que cada vez que hay reunión obrera, tienen que haber revueltas.

Después de terminado el desfile los obreros se retiraron tranquilamente a sus hogares, esperando la hora de la velada.

Esta se llevó a efecto en el extenso salón del Centro Radical, que estaba artísticamente arreglado.

Los números del programa, que fueron todos muy buenos, eran entusiastamente aplaudidos.

El entusiasmo que la clase obrera demostró en el 1 de mayo, merece nuestros aplausos y también la mancomunal, por las fiestas organizadas para conmemorar tan grandioso días.

La Federación de las Artes gráficas celebró también dignamente el 1 de mayo.

Después de concurrir al desfile organizado por la mancomunal se dirigieron a una pintoresca quinta situada en Playa Ancha, donde se sirvieron onces.

Allí hubo mucha alegría, mucha fraternidad y más que todo el mundo entusiasmo por la fecha que celebraran. Las horas transcurrieron tranquilas en alegre y amistosa charla, hasta que las primeras sombras de la noche invadieron la ciudad.

SILVANA

Cintas y lazos

La Alborada, número 18,
11 de agosto 1906

Miremos un poco hacia el pensamiento femenino, y siempre veremos, salvo, honrosísimas excepciones, que se encuentra constantemente ocupado por las mismas ideas, de cintas, encajes, modas y lazos.

Traje celeste, encajes crema, volantes, sombrilla blanca, sombrero crema y celeste también como el traje, flores, muchas flores, ¡oh, encantador!

He aquí resuelto los más arduos problemas de la vida femenina, en esos o parecidos párrafos.

Instrucción: cultura, progreso, ¿para qué? ¿Qué falta hace nada de eso a las mujeres?

Tendría que ver allá los diputados del Congreso, que chillen; allá los papás y los esposos en las oficinas que trabajen; con tal que luego les traiga, los cuartos para pagar la modista, ¿para qué más?

Y casi, casi, tienen razón. ¿No es esto más humano?

El feminismo no lo entienden así, y es mucha cosa.

¡Qué demonios de mujeres esas, que quieren a la fuerza con sus insulsas propagandas, pidiendo tan solo progreso para la mujer, en vez de vestidos bonitos y adornos modernistas, hacernos pasar a nosotras, pacíficas, ciudadanas que no queremos más que trajes, en mitines, dis-

cursos, música, instrucción,
escritura, cuentas, labores,
etcétera! ¡Y qué de cosas!

Eso del feminismo, y de que
las mujeres sean diputadas,
nos da una risa que ya, ya.

Cuidado, que la cuestión es
peliaguda, y el caso es, que…
a algunos hombres -y esto es
lo más malo- les ha dado también por querer que las mujeres se instruyan, y hay cada
cataclismo en algunas casas… y
hay también tantas muchachas
sin novio.

Caramba: ¡sí será preciso
escuchar a esas endiabladas
mujeres, y tendremos al fin
y al postre para pescar marido, que pensar en algo más
que en cintas y lazos.

MARÍA MARÍN

La Huelga de Patrones

La Alborada, número 26, diciembre de 1906

Como el público se habrá impuesto por la prensa, hace tres semanas que los dueños de diez fundiciones de esta capital cerraron sus puertas, lanzando a la calle a sus operaciones en la cantidad de dos mil más o menos.

Las causas, como se sabe, fueron primero las peticiones de un 50% de aumento en sus salarios de los operarios fundidores de la Fundición Libertad. Después, el acto de solidaridad de los torneros de la Fundición Yungay de Desiderio Corbeaux i Ca., quien despidió injusta y altaneramente a un operario tornero-mecánico, y que los demás no encontrando justicia en dicho acto, pidieron su reposición, repo-

sición que no obtuvieron, y que en cambio se les amenazó con el cierre de la fábrica y la inmigración.

Hasta aquí las causales por que se mantienen cerradas con grave perjuicio para la agricultura e industrias del país, diez fundiciones que sitian por el hambre a un gran número de padres de familia.

En cualquier otro país que no fuese el nuestro, la presente disidencia entre obreros y patrones ya habría sido solucionada.

Tenemos conocimiento que las fundiciones Yungay, Libertad, Klein, Grajales y otras se encuentran asediadas de pleitos por los dueños de motores, trilladoras y turbinas, por el retrato en las composturas de dichas máquinas y en particular las agrícolas, cuyos propietarios las necesitan, porque ya vienen las cosechas y temen perderlas por falta de útiles de trabajo.

He aquí, pues, que por el capricho de un reducido número de capitalistas se les quita el sustento diario, como hemos dicho, a dos mil necesitados, en los precisos momentos en que se grita la escasez de brazos.

Y lo peor del caso es que esto no tiene mira de solucionarse.

Si los patrones esperan que los obreros vayan a golpear las puertas con que se les dio en las narices, de desear seria que lo dijesen de una vez, por cuanto sabemos que ya muchos operarios se aprontan a emigrar fuera de Chile, si esto no obtiene una pronta solución.

Los patrones, por su parte, dicen en publicaciones hechas en la prensa que el señor Ministro de Industria y Obras Públicas va a tomar cartas en el asunto; pero no vemos cuándo ni por qué medios.

Los obreros, a su vez, tienen entregados sus intereses a la junta ejecutiva de la Federación de Trabajadores en Chile.

Esperando que la actual huelga se soluciona pronto, para bien de obreros y patrones, damos un voto de aliento a los obreros para que se mantengan firmes en sus peticiones y que la unión y solidaridad, las virtudes más nobles de la humanidad explotada, les den pronto un bello triunfo.

La Asociación de Costureras

La Alborada, número 28,
20 de enero de 1907

I

Hacía mucho tiempo que se hacía sentir la necesidad de que existiera en esta capital, una Sociedad Gremial de Costureras, que organizada convenientemente pudiera ofrecer a sus asociadas, no solamente la protección en casos de muerte o enfermedad, si no que también, unidos los esfuerzos de todas estas obreras, estudiaran las condiciones de trabajo y de vida que aisladamente cada obrera soporta, y en seguida, por medio de esta unión, formar una legislación particular, para implantarla en los talleres y fábricas, para que cada obrera recibiera la racional remuneración de su trabajo y las garantías de respeto y seguridad que a su noble y esforzada labor corresponde.

Hasta hoy, el tesonero y honrado trabajo de la obrera no es considerado por el patrón, como esfuerzo y colaboración propia, que le ayuda a formarse un inmenso capital que le permite descansadamente gozar de las necesidades de la vida y asegurar el porvenir risueño y feliz de su descendencia, sino que, por el contrario, el trabajo de las obreras es considerado como una obligación y tributo que el pobre debe de ofrecer al rico.

Y es por esto, que el patrón o el capitalista, mira a sus trabajadores como a bestias de carga, a los cuales no les liga más compromiso, que darle una miserable ración de hambre para que no fallezcan.

La noble e inmensa labor que silenciosamente, la obrera aporta en las variadas manifestaciones o ramos de trabajo, como he dicho, es mirado con desprecio, y la obrera considerada esclava, es obligada por su ignorancia y bajo la férula de la amenaza y mandado brutal, a soportar pacientemente todas las exigencias, caprichos y explotación del patrón.

Esto no puede ser.

Sencillamente porque en la vida de un pueblo civilizado, la razonable y necesaria legislación de las autoridades, no deben permitir estos desvergonzados crímenes y audaces estafas al honrado trabajo.

No puede ser: porque un sentimiento de humanidad obliga a los seres con razón, a respetar la desgracia y no a explotarla, ni servirse de ella para el logro de sus fines.

No puede ser: porque la conciencia, juez inexorable y justiciero, castiga las malas acciones de los malvados y no les puede permitir por largo tiempo, ejercer su denigrante y vil oficio de verdugos.

Sin embargo, nobles compañeras de trabajo: contrariando las leyes civiles y morales de estos desvergonzados y audaces inquisidores de nuestro bienestar social, se codean con las autoridades y se ríen de nuestra impotencia.

Saben que nuestra ignorancia y desunión, es el lazarillo que apresuradamente nos lleva donde ellos, para que sirvamos de pasto a su avaricia y por eso viven impunes y satisfechos de su obra.

II

¡Buenas compañeras! ¿No os habéis fijado, que cuando en la labor de nuestra costura, necesitáis cortar un hilo es muy fácil hacerlo, pero cuando se trata de cortar dos o más hilos unidos o retorcidos, apeláis a las fuerzas o a las tijeras para cortarlos?

Pues bien: de este sencillo hecho y práctico ejemplo, se puede sacar una provechosa enseñanza.

ESTHER VALDÉS

La Asociación de Costureras

La Alborada, número 29,
enero de 1907

La obrera que viva y trabaje aisladamente, encastillada en su egoísmo, consumiendo su salud y energías para incrementar el capital del verdugo que la explota, es un solo hilo.

Pero las obreras, que oyendo la voz de la razón y del derecho, se aúnan en una sola voluntad para mejorar su condición, serán un cordón que los hilos han formado y que no será suficiente una fuerza o voluntad para romperlo.

Y nuestro mejoramiento social y económico traducido en el racional pago de nuestro trabajo y las consideraciones que a nuestra labor y sexo pertenece, no solamente lo podemos conseguir por medio de la Unión o de la fuerza, sino que también es fácil conseguir por la consciencia de nuestros deberes, esto es, educándonos en el seno de las reuniones, inculcando en nuestro sencillo y rústico espíritu, el elemento del alma, que es la instrucción y conocimiento de nuestros deberes y derechos y saturando nuestros actos con el perfume perdurable y bienhechor de la solidaridad.

A estos sencillos, humanos y prácticos principios, obedece la formación de la Asociación de Costureras. Sus iniciadores son obreras que, repartidas en diversos talleres, como las hormigas, traen a su seno el alimento que en la época necesaria será la salvación de su causa.

La que esto escribe, empapando desde líneas y de lágrimas y ternura, muchas de vosotras la conocéis: es la modesta obrera corpiñera que hace 10 años peregrina por esto en la frías y tristes paredes de los talleres, ganando afanosamente, primero el sustento y abrigo para ayudar a la labor de sus padres, y el pan y abrigo para sus hijos después.

Hace apenas dos años que mi sencillo espíritu se ha sublevado, ante la inhumana explotación que el capital hace de nuestras fuerzas y labor.

Y sabéis, buenas compañeras, ¿por qué sucedió este natural fenómeno?

Sencillamente, porque la lectura de los buenos libros y la asistencia a sociedades y centros de ilustración, donde se hacía conocer los deberes y derechos del proletario, despertaron en mi ser, esta sed de justicia.

Después del frío raciocinio del trabajo, me fijé que mientras que con la producción de mi trabajo se ganaba el triple de lo que a mí se me pagaba por confeccionarlo, mi sencillo y débil espíritu se sublevó.

Cuando la madama me obligaba, junta con mis compañeras a quedarnos en la noche cuatro, seis y más horas trabajando, bajo la amenaza de que si no lo hacíamos, nos despediría de su taller; mi alma temblaba de coraje y lágrimas amargas, precursoras de una pronta rebelión, humedecía mi garganta seca por la rudeza del trabajo y la fatiga que consumía nuestro organismo.

¡Oh! Cuántos talleres han sido calvarios de mi valiente espíritu y cómo lo seguirán siendo para vosotras, sencillas e ingenuas hermanas.

Cuántas de vosotras, tímidas y miedosas de perder el trabajo, no llorareis cuando al fin de la semana se os roba el sagrado producto de vuestra noble y honrada labor y callareis, obligadas tanto por la fuerza de la costumbre, como por el miedo de que seáis despedidas.

Y ante la terrible perspectiva de ir a golpear la puerta de otro taller, preferiréis quedaros ahí, mansamente, sirviendo vuestra sumisión de orgullo y poder a la inescrupulosidad y avaricia del patrón.

Pero, mis buenas y amadas hermanas, no os olvidéis que se está formando un ignorado y nuevo ejército de voluntades, que conscientes de los derechos que le pertenecen, no solamente está entregado a la lucha económica, sino que también trata de legislar particularmente, de la forma como esos soldados trabajan.

ESTHER VALDÉS

La Asociación de Costureras

La Alborada, número 30,
febrero de 1907

No olvidéis que el fin y objeto de la Asociación de Costureras, no solamente es la protección en casos de falta de trabajo o enfermedad si no que también lucha por establecer la razón y la justicia ante la explotación del capital.

La Asociación de Costureras, fundada hace seis semanas, ha producido ya hermosos frutos. Además de estar ya formalmente organizada, con sus estatutos aprobados, impresos y en vigencia ha empezado a dar forma a su humana doctrina de protección, socorriendo a sus asociadas con subsidios en dinero en los casos de falta de trabajo, como en los afligidos casos de enfermedad.

Ha implantado su servicio sanitario y nombrado el cuerpo de doctores y boticas, como así mismo el personal de comisionadas para la atención diaria de las compañeras enfermas.

Ha establecido además un servicio general de informaciones, donde las asociadas faltas de trabajo lo pueden comunicar a la Asociación, y ésta con la demanda de operarias que de los talleres tiene, ocupa y recomienda inmediatamente a las socias que necesiten trabajo.

Humildes y numerosas pruebas de solidaridad han embellecido su corta vida social, erogando fondos para colectividades gremiales que luchan como nosotras por su mejoramiento económico.

El 27 de octubre del año que ha terminado, se bautizó e inauguró solemnemente nuestro estandarte de guerra, con una sencilla fiesta que hará época en los anales de las fiestas sociales obreras.

Inspirada esta asociación en elevadas ideas de fraternidad y solidaridad social, bálsamo que es la vida y vigor para el surgimiento y existencia de los ideales del proletariado; nombró padrinos de su estandarte al Congreso Social Obrero, cuerpo representado por la mayoría de las sociedades obreras de la república y que se encarga de dar forma y realizar los grandes problemas sociales y a la benemérita década Sociedad Protección de La Mujer.

De este modo, esta débil planta, nacida de la semilla del sufrimiento y lágrimas femeninas, buscó un bienhechor sol y aliento en la protección de estas dos filantrópicas instituciones.

Pensando en la económica inversión de sus fondos se ha delegado a la Delegación del Carro Fúnebre Social, para sepultar honrosamente los restos de las compañeras que rindan el inevitable tributo a la Tierra. Pronto se echarán las bases de una cooperativa para establecer un gran taller que nos principie a independizar del despotismo del capital, como así mismo se dará comienzo por implantar la Sección de Ahorro que traerá a las asociadas el seguro y tranquilo porvenir de su vejez.

También se procurará implantar el Seguro de Vida, que a más de la cuota mortuoria que la Asociación da a la familia de la socia fallecida, esta sección aparte, se encarga de proteger más vastamente la orfandad de los huérfanos que queden.

Ya lo veis, compañeras de trabajo, corta pero práctica y humana es la labor de la Asociación de Costureras.

Somos las tradicionales hormigas, que no solo acaparamos víveres y abrigo para el

presente, sino que preferen-
temente, también buscamos
asilo para la inclemencia de
las injusticias humanas y nos
ocupamos del oscuro y voluble
porvenir.

ESTHER VALDÉS

El quinto torneo intelectual de obreros

La Alborada, número 31, febrero de 1907

Hoy se celebra en la ciudad de Concepción la 5ta Convención que el Congreso Social Obrero celebra anualmente.

La catástrofe que en agosto del año pasado nos visitó y que recuerdos tan dolorosos dejara en nuestra mente, privó a esta Corporación de celebrar este torneo en el mes de setiembre, tal como lo establecen sus estatutos.

Ahora, repuestos un tanto de los sinsabores experimentados, se han apresurado a colocarse en pie, con más energía y decisión, si se quiere, para trabajar en pro de nuestra mejora económica e intelectual.

Aunque esta vez el Congreso Social Obrero no ha encontrado en el gobierno la necesaria benevolencia para conceder pasajes gratis, creemos que esto no será un óbice para concurrir en buen número a la presente convención.

Numerosas sociedades, tanto del sur y norte, se han apresurado a enviar sus delegados para que en nombre de ellas dejen oír su voz, ora en señal de protesta ante los incalificables abusos que con el trabajador se cometen; ora presentando proyectos o ideas tendentes a procurar un relativo bienestar a todos los productores. Las sociedades obreras de Concepción han preparado grandes festejos para recibir a sus hermanas del norte, estrechando de esta manera los lazos de unión y fraternidad que deben existir en la familia proletaria.

Formulamos los más sinceros votos porque estos días que nuestros compañeros sacrifican al cariño del hogar, en aras de una causa tan noble y levantada como lo es nuestro bienestar, sean muy bien aprovechados, y ojalá que todos se pusieran de acuerdo para trabajar con ahínco, con fe, por un proyecto que refleje nuestras necesidades y aspiraciones.

No encontramos prudente el que todos los años se presenten a la convención un mar de proyectos, cuando ya es sabido la nula atención que el gobierno presta a las presentaciones que se hacen con el fin de mejorar la situación del pueblo.

Lo más práctico sería que se elaborara un proyecto en que estuvieran consultadas nuestras más apremiantes necesidades y su urgente satisfacción y se solicite enérgicamente del gobierno su inmediata aprobación, para que en forma de ley viniera a procurar un bienestar al obrero.

Tiempo es ya que exijamos. No nos contentemos con promesas que jamás se cumplen.

CARMELA JERIA

Los proyectos
ante la convención

La Alborada, número 32,
febrero de 1907

En las convenciones que el Congreso Social Obrero celebra anualmente, se presentan a la sanción de los asistentes un mar de proyectos, cual de todos, más bien inspirados en procurar libertades al pueblo trabajador.

Estamos seguras que si la octava parte de ellos se llevarán a la práctica, nos tendríamos más que pedir: allí se aprueban las ocho horas de trabajo, libre internación del ganado argentino, protección en casos de accidentes en los talleres, educación laica y obligatoria, separación de la Iglesia y del Estado y… para qué seguir más adelante, cuando creemos que se comprende todo lo que se pedirá a la mente, para que por medio de la pluma lo traslademos al papel.

Parece que nadie ha pensado que el quid de la cuestión no es solo elaborar proyectos con hermosas ideas, sino pedir al muy supremo gobierno que apruebe algunos, aunque solo uno, de esos proyectos para que mediante eso pudiéramos respirar con más libertad.

Este año se han presentado hermosos proyectos, encaminados a todos a hacernos más vivible la existencia.

Por la prensa nos hemos impuesto del rechazo de uno, que más hubiera válido a los patrocinantes no haber llamado la atención de la convención.

Él era tendente a erigir una estatua de Manuel Rodríguez; esto da una prueba de patriotismo y de gran entusiasmo hacia el caudillo más simpático y popular que ha tenido Chile.

Pero… ¿no es más lógico, más humano, más práctico elaborar proyectos en que se reflejen nuestras ansias de luz y de pan? ¿No es más armónico que en torneos como el presente, nos ocupemos solo y exclusivamente de analizar los puntos de nuestra desgracia y a la par, buscar el medio que nos libere de tantas vejaciones y hambres como experimentamos actualmente?

Si es verdad que Manuel Rodríguez merece una estatua como una de nuestras más culminantes personalidades, no es menos cierto que necesitemos un mayor grado de instrucción.

Pidamos en vez de monumentos, que se instalen el mayor número de escuelas para que el hijo del pueblo tenga donde ir a nutrir su inteligencia con los conocimientos necesarios que lo harán útil a la sociedad y a la familia.

Insinuamos, una vez más, que las delegaciones no abrumen a la mesa directiva del congreso con tanto proyecto porque así se impide la realización de idas fáciles de consumar.

Ojalá que para la próxima convención que se celebrará en Valdivia los obreros se mancomunen para apoyar un solo proyecto, el de más trascendental importancia y de esta manera, presentarlo ante las cámaras como la más anhelante aspiración del proletariado. No entorpezcamos la labor del congreso y sobre todo, no presentemos proyectos que ningún bien nos reporta. Creemos que estos torneos son para estudiar y cambiar ideas sobre nuestro mejoramiento intelectual y económico; no nos apartemos pues, de esta ruta.

Por otro parte si continuamos presentando tantos proyectos —que nunca, nunca se realizarán— creemos que el Con-

greso Social Obrero, se verá
obligado a construir una bó-
veda para depositarlos.

CARMELA JERIA

Huelga de tipógrafos

La Alborada, número 33, febrero de 1907

Los tipógrafos de la imprenta del diario *La Libertad*, de Talca, se declararon en huelga la semana que acaba de terminar.

La tiranía del capital por una parte y por otra la carestía de los artículos de consumo, que hacen tan difícil la existencia, ha inducido a esos valientes y sumisos soldados del progreso a la rebelión.

Esclavos siempre del chibalete, llenando con entera exactitud sus deberes, han esperado pacientemente que al patrón les proporcione lo que debidamente les corresponde, facilitándoles de esta manera, una pequeña holgura para ellos y sus familias.

Pero cuán lejos están de comprender, los eternos explotadores de las energías del trabajador, toda la caballerosidad que encierra esa actitud pacífica, al esperar resignados un aumento que les corresponde dada las pingües ganancias que reciben de la inicua explotación que a diario llevan a efecto los capitalistas.

Y dada las circunstancias de la vida, del subido canon de los arriendos, de la escasez de los artículos más indispensables para la existencia, no se ha podido soportar más y sacudiendo el letargo que los ha mantenido por tanto tiempo en la inercia más desesperante, se han puesto en pie valerosamente reclamando un aumento de jornal, que ha tiempo les hacía falta y que debidamente les pertenece.

Ese grito angustioso clamando pan, ha repercutido en todo corazón proletario como una sonora campanada que nos anuncia días de regocijo, así nos ha anunciado que una parte de nuestros compañeros, comprendiendo sus deberes, reclaman lo que legítimamente les pertenece.

Los sentimientos solidarios, innatos en el corazón del obrero, lo harán correr presuroso para depositar el óbolo que ayude a los huelguistas y no fracasen sus aspiraciones.

Corriendo todos al lado de aquellos que necesitan nuestra cooperación, se podrá obtener un hermoso resultado en la lucha entablada, —desigual por demás— entre el elemento productos y el capital.

A la fuerza material del oro, que ellos poseen, los desheredados pongamos con valentía y decisión nuestra fuerza moral, que es la unión, y

así unidos y compactos, con pasos seguros y altivos escalaremos uno a uno los peldaños que nos han de conducir a nuestro estado de igualdad y derecho.

No pidamos como una merced, lo que es nuestro; exijamos la devolución solamente, de lo que por tanto tiempo se nos ha usurpado.

Todo es nuestro.

Desde las épocas más lejanas, el obrero acompañado de su mujer e hijos ha trabajado hasta agotar sus energías, para que unos cuantos que han permanecido cruzados de brazos, acaparen todas las riquezas que nuestro esfuerzo proporciona.

El paso dado por los tipógrafos de *La Libertad*, de Talca, merece ser apoyado y auxiliado por todos los gremios existentes de la capital.

No contribuyamos con nuestra indiferencia a una derrota. El triunfo que los compañeros de Talca ansían, es nuestro, y como tal debemos prestarle toda nuestra voluntad y energía.

Las sociedades de resistencia tanto de hombres como de mujeres deben en estos casos poner en práctica su programa.

Enviamos a estos esforzados adalides del progreso nuestra adhesión entusiasta y nuestra ayuda material para que no falte el pan en esos hogares y así puedan resistir, poniendo un fuerte muro a la ambición capitalista e irradien pronto las fulguraciones espléndidas del triunfo.

CARMELA JERIA

La fiesta del trabajo

La Alborada, número 41,
mayo de 1907

Hoy la clase productora del orbe entero saluda y celebra su dulce Pascua.

Bajo el suave sol que ilumina la falange de oprimidos, flamean, movidas por cariñosa brisa, las banderas del trabajo.

Se esparcen alegres los himnos de libertad, haciendo palpitar los corazones de sano y viril regocijo, ante la fiesta del oprimido.

En las fábricas y talleres, el ruido ensordecedor de las máquinas y poleas, el hollín de los motores y el acento duro de capataces y patrones no se escuchan. Todo está en silencio. En vano la bocina que anuncia la entrada al taller, fue tocada; nadie concurrió allí. El esclavo de ayer se ha rebelado por hoy; ha erguido su noble frente, un chispazo de luz ha irradiado en su serena mirada y batiendo sus callosas manos ha dado un sonoro ¡hurra! a la fiesta del trabajo.

La clase obrera de Chile penetrada del deber que le corresponde, ha dado un bello ejemplo, paralizando sus faenas en tan grandioso día.

Hombres, mujeres y niños han desertado de los inmundos talleres para dar tregua al sudor y respirar a pleno pulmón el oxígeno necesario para restablecer sus debilitadas fuerzas.

Por doquier se oyen hosannas al trabajo. Reviven en

la mente del productor los trágicos sucesos de Chicago, entregándonos, ese recuerdo, sublimes energías.

La mujer obrera, la esclava sumisa del patrón, no ha querido dejar solo a su compañero de luchas y dolores. A levantado su frente y abandonado las pesadas labores que la retienen en el taller por 10 o 12 horas, ha corrido al lado del hombre para entonar juntos el canto armonioso de paz y libertad.

Tanto más grata es la celebración de esta fiesta, que recuerda el gran paso dado por los proletarios de Chicago, en pro de las 8 horas de trabajo, que actualmente, una parte de la clase obrera está preocupada de obtener esta humana y necesaria garantía que traerá para el proletariado, días de luz y tantas felicidades.

De desear es, que en este memorable día, se vuelva a templar el espíritu del trabajor, y se imite a las víctimas de Chicago que sacrificaron sus vidas en aras de la libertad para los oprimidos.

No retrocedamos en nuestro santo empeño; emprendamos valerosamente la campaña en pro de la jornada de las 8 horas de trabajo; luchemos briosamente por la limitación razonada y humana, de las horas de labor. Esa conquista sería, algo así como una brisa pura y refrescante que disipará de nuestra mente la terrible situación en que nos encontramos sumergidas debido a la ignorancia que nos proporciona nuestra precaria situación, no dejándonos tiempo para obtener los elementales conocimientos para la lucha por la existencia.

¡Que la celebración del presente 1 de mayo sea el primer eslabón conquistado por la inmensa cadena con la que nos tiene amarradas el capital!

Hemos dado un paso grandioso desertando por hoy de los talleres; que no sea este el único día, y mañana cuando volvamos a nuestra ininterrumpida labor, transmitamos a tanta compañera rezagada, que por tenor no nos han acompañado, el calor de nuestras ideas. Y hagámoslas comprender que si nos unimos todos, hombres y mujeres, en un solo haz, podremos fácilmente derrumbar los sólidos cimientos en los que se alza el capital.

Opongamos a la fuerza material del oro corruptor, los lazos de nuestra unión y así seremos tan fuertes como los tiranos que nos tienen bajo yugo.

El trabajador entona cantos sublimes a la fiesta del trabajo. Apresurémonos para entonar en breve, hossanas a la libertad y al saber.

¡Preparémonos para celebrar la gran fiesta, cuando desterremos de nuestra mente los falsos prejuicios y podamos libremente entonar hosannas a la luz, la razón y el derecho!

Por hoy rememoremos a las víctimas de Chicago, que en medio de su gran sacrificio, legaron al proletariado mundial proyecciones luminosas de rebelión ante los despotismos, y un gran amor a la humanidad explotada, ¡que en medio de sus producciones tirita de frío y gime de hambre!

CARMELA JERIA

1.º de Mayo

La Alborada, número 41,
mayo de 1907

El cristianismo tiene su día de protesta contra sus enemigos, los judíos; así vemos como todos los años desde los púlpitos de las iglesias, se lanzan palabras duras de protesta contra sus verdugos de mil años y se llora al Redentor de las almas cristianas, asesinado en una cruz en tan lejana época.

El obrero libre tiene también sus mártires que llorar y vengar. Todos los días caen a millares víctimas del trabajo, ya por privaciones o ya por la masacre; pues, desde tiempos remotísimos, ha habido víctimas y verdugos, explotados y explotadores. Siendo las últimas épocas de la humanidad más memorables aún, por los esfuerzos sobrehumanos de los oprimidos por librarse de sus verdugos, los explotadores.

La Revolución Francesa trazó para el proletariado un hermoso sendero de lucha y conocimientos de sus sacrosantos derechos en el banquete de la vida.

Las trabas que la burguesía ha impuesto a la emancipación del obrero, no han logrado apagar su espíritu de rebelión y su carácter cada día más definido y acentuado en sus tendencias a la igualdad económica.

Épocas memorables en las jornadas reivindicadores, para el proletariado, son las de junio de 1848, 18 de marzo de 1871, y la huelga del 1 de mayo de 1887, proclamada por primera vez por la Federación de Trabajadores de Estados Unidos y Canadá, celebrada en Chicago el año 1884, para exigir las tan anheladas 8 horas diarias de trabajo.

En esta última revuelta es donde resalta más de relieve la infamia burguesa.

El movimiento huelguista se desarrollaba tranquilo, sin que diera motivo alguno de ser atacado.

La intranquilidad de los que proceden mal y de la autoridad misma, hizo mandar a sus sayones, a masacrar los indefensos obreros reunidos en mitin en una plaza de Chicago.

El odio por tan vil hazaña y las múltiples, cometidas en años anteriores, armó la mano de un hombre y disparó una bomba a una patrulla de policía, causando la muerte de varios de ellos, sin que se llegase a saber quién fue su autor.

El epílogo de esta terrible tragedia fue completada con el asesinato de los obreros más inteligentes e instrui-dos, y que más energía habían desplegado en el movimiento; estos eran: A. Fisher, G. Engel, R Parsons, L. Lings y Spies.

Siendo más tarde, el 26 de junio de 1893, declarados inocentes, por el gobernador de Illinois, John P. Altgeld.

Si los cristianos tienen un día de luto y llanto, los proletarios de pensar libre tienen un motivo más que suficiente de tener un día de luto, pero no de llanto, si no de rebeldía y lucha. Este es el 1 de mayo de cada año.

SARA C. B

Despertar
Para el valiente adalid femenino La Alborada

La Alborada, números 19 y 20, noviembre de 1906

I

Lentamente, así como la onda que se forma en un lago y su radio, va extendiéndose imperceptiblemente y llega por fin a tocar la orilla, ha venido trabajándose en el espíritu de la mujer proletaria, una evolución digna de tomarse en cuenta.

Y es satisfactorio contemplar que esta necesaria evolución se produce, precisamente, entre esa colectividad de mujeres que más apartadas del estudio han estado.

Nos referimos a las obreras de fábrica y taller que han vivido hasta hace poco, apegadas a viejas rutinas en que la ignorancia ha sido el verdugo que las ha encadenado al poste de la esclavitud, haciéndolas ejercer su santa y noble misión en un ambiente de hipocresía, fanatismo y engaño.

La mujer que hoy se levanta y se abre paso entre la indiferencia de unos y egoísmo de otros; es la misma que tan solo ayer, veíamos como un ser ignorante, huérfana de instrucción y educación, sin ningún principio noble que la haya guiado en las variadísimas atribuciones que en la vida le corresponden, y lo que es un crimen, desconociendo que es ella la llamada a formar y preparar a las futuras generaciones.

II

Triste, un muy triste y doloroso principio, en esta, nuestra vida de mujeres proletarias: principio culpable abona en parte nuestra inculpabilidad de haber vivido hasta aquí como rebaños dócilmente domesticados; de haber vivido en el más pernicioso abandono; circunstancia es esta que hace menos duras y tristes, las mismas observaciones que yo misma he hecho, respecto a nuestra humilde clase.

Ha sido nuestra herencia.

Todos sabemos que la mujer proletaria no ha tenido tiempo de instruirse, salvo honrosas excepciones.

Apenas hemos llegado a los 10 años —y muchas veces antes—, las escaseces del hogar nos han obligado a desprendernos de los brazos de nuestra sencilla madre, para ir en humillante peregrinación, de taller en taller, de fábrica en fábrica, a ganar el mendrugo que las fuerzas explotadas de nuestros padres o hermanos, o bien sus vicios, no han alcanzado a sustentar a la vasta prole.

Niñas aún, hemos tenido que conocer toda la repugnante desnudez de los vicios y de la miseria humana, y ahí en los talleres, —antros malditos donde han quedado jirones de nuestra virtud—, se ha marchitado nuestra inteligencia en flor, para iniciarnos únicamente en una inteligencia mecánica.

Ahí hemos aprendido a someternos al mandato brutal y a los despóticos caprichos del capital. Ahí hemos resuelto aceptar, resignadas y sumisas, nuestra humilde condición, y lo más cierto, tristemente, es la amargura de tener que servir inconscientes e indefensas a las máquinas de trabajo y producción.

¡Ah! Cómo sangra de dolor mi pobre alma, al ver constantemente ante mis ojos, este sombrío e inhumano cuadro.

¡Y cómo ruge la cólera, mi valiente espíritu, débil todavía, para llevar al convencimiento de mis hermanas de taller y fábricas, el sagrado grito de rebelión!

¡Cómo siento desbordarse los escupitajos de mi desprecio y maldición, para esos crueles verdugos de la explotación y del engaño de la enseñanza! Pues, todos sabemos que mientras una parte de esta carne de explotación ha ido a los talleres a pagar el tradicional tributo, la otra parte de mujeres proletarias que no han tenido un poco de tiempo más para instruirse, estos buitres del fanatismo han procedido a su educación con una serie no interrumpida de engaños.

Y como una muy triste, pero hermosa defensa a nuestra condición, —me pregunto— y con estos tristes y perniciosos principios, ¿podríamos pensar o esperar que nuestros padres, hermanos o hijos fueran libres o conscientes, e hicieran valer sus legítimos derechos elevando a nuestra clase, y haciendo digna y útil nuestra existencia?

III

Al empezar este trabajo decía que la evolución operada entre la colectividad femenina productora, era digna de tomarse en cuenta: y si he citado diferentes dificultades que la mujer proletaria ha encontrado para entrar de lleno a desempeñar el papel que en la vida le corresponde, era para dejar de manifiesto lo que puede el estudio, la fe y la perseverancia…

He de decir que de entre nuestras filas han salido esas anónimas y humildes luchadoras de nuestra santa causa, ¡nobles precursoras a quien debemos este hermoso despertar!

Despertar que no tiende únicamente a mejorar nuestra situación social, material y económica; que no tiende simplemente a federarnos y asociarnos para defendernos del enemigo, el capital, sino que tiende a abrirnos necesarios horizontes en el campo de la intelectualidad, hermosa lucha, cuya conquista ilumina las sombras de lo desconocido que nos traerá horas más felices; satisfacciones más puras y que remarcará a la mujer proletaria en su noble misión de hija, esposa y de madre.

IV

Enternecedor y hermoso es contemplar y seguir, paso a paso, esta natural evolución producida en el espíritu de la mujer obrera; que a la vez que entra resueltamente al campo de la intelectualidad, se apresta también para entablar la necesaria lucha contra la tiranía de el capital.

Nuestro pecho se emociona de júbilo al ver que esas mismas abandonadas e indiferentes mujeres de ayer, hoy se congregan bajo la éjida protectora de una asociación; aunando sus esfuerzos y voluntad, cobijadas todas bajo un mismo escudo y, concientes de su fuerza y poder, lanzan el ansiado y valiente reto.

Ya era tiempo.

¡Hacía muchos años que de generación en generación, veníamos heredando, ésta, nuestra triste y explotada condición, sirviendo mansamente de máquinas de producción, llenando cada año los talleres y fábricas, reemplazando los puestos que nuestras hermanas dejaron vacíos, después de consumir en ellos todas sus energías, cuando sus músculos y fuerzas nada produjeron, y bamboleando como pesados fardos llenos de inmundicias, fueron a terminar su vía crucis en las blancas salas de un hospital!

¡Ignorantes e inocentes ovejas, que sin saberlo, íbamos a las fábricas a establecer una competencia de salarios; a robar parte del irrisorio bienestar de nuestras hermanas, y a desempeñar, por la mitad del jornal, el trabajo que ellas desempeñaban!

Oh, el capital. ¡Como nos atraía con sus engañosas promesas!

Trabajos que, hasta hace poco, eran exclusivamente de las fuerzas del hombre, pronto pasaron a ser desempeñados por nosotras. ¿Por qué? Porque nuestra condición ofrecía más garantías y beneficios al capital.

Nuestra carne era más productora, —trabajábamos sin protestar, más horas— y aceptábamos la mitad del salario que el hombre recibía; y por otra parte, acatábamos mansamente las odiosas exigencias y caprichos del capital y que el hombre no podía aceptar.

V

Pero llegó el ansiado día en que la chispa brotó, generando un incendio en todos los corazones; la luz de una bella Alborada iluminó nuestro improductivo cerebro y la fría razón, como un Dios justiciero, tomó posesión de las ruinas de nuestra triste condición y resolvió dar bienestar y felicidad que al trabajo corresponde.

Y aquí en las columnas de nuestras muy amadas páginas de *La Alborada*, nos presentamos, anónimas y humildes hijas del pueblo, a dignificar nuestra clase, a esparcir la necesaria semilla en la fecunda tierra de estas columnas que tantos y tan bellos frutos ha producido ya.

Egoístas e indiferentes, ¿oís ese murmullo lejano, pero que poco a poco viene transformándose en un hermoso y potente himno de triunfo?

¿Percibís esa lejana claridad, que empieza a iluminar el cerebro femenino y que luego, llegará a herir nuestra vista con los resplandores de su gloria?

Eso que vosotras desconocéis es el despertar de la mujer.

ESTHER VALDÉS

Reformas en pro de la mujer

La Alborada, número 20,
18 de noviembre de 1906

Así como la aurora, lentamente, empieza a destruir las sombras de la noche, así, la mujer, poco a poco, va despertando del pesado letargo en que por tantos años ha permanecido.

Para ello ha sido menester, no un continuo batallar, sino una suave oleada de aire puro que se ha filtrado por las grietas de los inmundos antros, llamados talleres. Y cual penetran los benéficos rayos de un ardiente sol, prestando al cuerpo vitales energías, así, nuestra compañeras de explotación, se han reanimado a la llamada de unos seres cariñosos, que la han invitado a formar la gran columna de mujeres emancipadas.

Muy digno de tomarse en cuenta es, este lento, pero seguro movimiento, mas —forzoso es decirlo—, no se ha prestado la atención necesaria por nuestros compañeros de trabajo y de lucha, para independizar a la mísera esclava que libertaría a las futuras generaciones.

Será inútil cuanto se diga y se haga por mejorar la condición del pueblo productor, si no se aúnan todas las energías y todas las voluntades para elevar a la mujer al grado de cultura y libertad, que le corresponde.

Hoy existen muchas mujeres, que, despreciando falsas creencias y añejas preocupaciones, están, valerosamente, trabajando por levantar el nivel moral e intelectual de sus compañeras de taller, por medio de las asociaciones de resistencia y estudios sociales.

Este trabajo aún es lento, pero mañana, cuando la mujer proletaria esté en completa posesión de sus derechos, será una potente ola que arrastrará desde sus cimientos el pedestal en que descansan las tiranías y explotaciones que tan pacientemente soporta la infeliz productora.

El punto más esencial, y que debe prestársele mayor atención, por las que se están preocupando del bienestar de sus compañeras, es la reglamentación de las horas de trabajo en las fábricas y los talleres.

La mujer por su constitución físicas es más débil que el hombre, señalándole de esta manera la naturaleza un trabajo más moderado.

Pero, desgraciadamente, sucede todo lo contrario; trabaja mayores horas diarias que el hombre y su salario es pésimo. Por el carácter sumiso, en la triste condición de esclavas, por la costumbre de ahogar la protesta que airada se levanta del fondo del pecho ante un atropello, soportan las infames y vergonzosas explotaciones que van a enriquecer las gavetas sin fondo de audaces capitalistas.

Para estudiar este primer punto de las reformas que tienen que venir en pro de la mujer proletaria, urge constituirse en sociedades de resistencia y de instrucción para solucionar los medios de alcanzar un mejor salario, con menos pérdida de energías.

Nuestra condición

La Alborada, número 22, diciembre de 1906

Una mujer instruida y de talento tiene probabilidades de agradar por más tiempo a su marido, ha dicho no sé quién.

Yo considero grave tal aseveración.

Si en realidad estas cualidades son una garantía a la felicidad del matrimonio, cábeme aquí preguntar: ¿el hombre puede o no dominar a su antojo y como quiera su corazón?

Si amo a la que eligió por compañera de toda su vida, a la que dio su nombre y ligó su existencia toda, ¿por qué el hombre ha de tener la facultad inconcebible de amar y dejar de hacerlo siempre que a él le plazca y acomode?

¡Insondable el misterio que la mente no alcanza a comprender!

A nuestra desventurada y mísera condición de mujer, no le queda otro camino que descubrir o adivinar cuando su marido a dejado de amarla y procurar de la manera más decente separarse; debe de evitar de algún modo ser abandonada; en aquello hay nobleza y dignidad, en esto, crueldad hiriente que mata para siempre la esperanza incierta de recuperar algún día el amor ya perdido de aquel a quien consagrara todo el cariño y sus más caros afectos; porque la mujer que legítimamente ama mucho a su marido, cumple con el deber sagrado que la naturaleza la ha impuesto.

Sin embargo, conste, que toda nuestra sublime abnegación, va a estrellarse contra la siempre inconstancia de nuestros queridos enemigos, los hombres.

ARIADNA

Un bello triunfo de perspectiva

La Alborada, número 23, diciembre de 1906

La huelga forzada a que están sometidos los operarios mecánicos, fundidores, caldereros y torneros, nos hace entrever, que si la gran familia obrera se une a estos momentos, con los benéficos lazos de la solidaridad, podría obtener un hermoso triunfo en esta desigual lucha, en que el elemento productor está sometido por el mandato despótico del capital.

Pensamos que la firme resolución de los compañeros mecánicos de no ceder a los caprichos de nuestros verdugos, y la unión general de los diversos gremios, arbitrando medios para ayudar a sostener a los compañeros faltos de trabajo, nos traería el más hermoso triunfo obrero de los últimos tiempos.

Triunfo, que a la vez de ser positivo y honroso para los compañeros sometidos a huelga forzosa, sería moral y de prestigio para esta gran colectividad dispersa, que batalla afanosamente por realizar el común y humanitario ideal.

La guerra entre el capital y el trabajo.

¡Qué enjambre de tristes observaciones sugiere en nuestro cerebro esta maldita frase, que cual estigma de oprobio y maldad, pesa sobre la honrada y noble labor del elemento productor!

¡Cómo siento oprimirse de dolor mi piadosa alma; ahogarse en mi garganta palabras y confundirse mis ideas, al pensar en el triste encadenamiento de miserias y dolores que habrá traído a los hogares de esos dos mil compañeros de trabajo, el simple capricho del explotador de nuestras fuerzas y ladrón de nuestro pan, el odioso y maldito capital!

Y cosa extraña, mientras esos asesinos de nuestro bienestar declaran, sarcásticamente, que conocen la justicia de la petición de sus operarios, al pedir un pedazo de pan más para su hogar, —sostén necesario para la vida— ellos, los cuervos, declaran que al acceder a la razón que reconocen, obtendrían menos ganancias, menos utilidades.

Y ante la expectativa de que unos cuantos pesos disminuya el oro de sus arcas, prefieren cometer el gran y cobarde crimen de dejar a dos mil familias sin abrigo ni pan.

Como un torrente desbordado siento brotar de mi cerebro, miles de miles de santas maldiciones para esos crueles buitres que gozan con el sufrimiento de tantos inocentes que agitándose en sus cunitas, pedirán calor y pan.

Y mientras los padres, hijos y hermanos, —allá en el seno de la reunión en la que se inculca la fuerza de voluntad para resistir al movimiento— sienten rodar por sus mejillas lágrimas de rabia que se secan en sus gargantas, ávidas de venganza; nosotras, las hermanas de explotación y trabajo, sacrifiquemos parte de nuestro jornal para ayudar a nuestros hermanos a resistir los caprichos del enemigo común.

Veinte o treinta centavos, entre dos o cuatro personas, nada representa, pero veinte o cuarenta centavos entre miles de bestias de carga que soportamos la más vergonzosa e indigna de las explotaciones, hará una suma que enjugará muchas lágrimas de esos tiernos e inocentes esclavitos, que, impacientes, en sus cunitas, se agitarán pidiendo sustento.

No permitamos que por egoísmo y falta de solidaridad,
se nos escape de las manos
un triunfo que nos es común.

La orden del día de toda sociedad de resistencia debe de
ser: protección a los valientes compañeros mecánicos.

De este modo apagaremos y
ahogaremos con nuestra energía, la insaciable sed de oro
de nuestro maldito enemigo el
capital.

ESTHER VALDÉS

Las mujeres en las cantinas

La Alborada, número 24,
diciembre de 1906

Dignos de aplausos y de todo encomio ha sido el decreto expedido por el primer alcalde de la Municipalidad de Santiago prohibiendo en las cantinas el empleo de las mujeres.

Mucha censura ha merecido por un lado esta medida, por los que, de la noche a la mañana, se declaran partidarios de la libertad de la mujer. ¡Valientes libertarios, que antes de educarla, preparándola para los peligros, la colocan en la senda de la perdición!

Nada hay más triste que ver a esas inocentes jóvenes de 15 a 20 años, tras el mostrador de una cantina, oyendo las groseras frases de los parroquianos y aceptando el veneno que en flor destruye el organismo.

Cuántas de esas jóvenes, porque no falte el pan a sus pequeñuelos hermanos, han aceptado ruborizadas esos empleos, —que son en verdad mejor remunerados que cualquier otro—, y con el alma acongojada han ido a conocer todo lo obsceno de la vida, por un mendrugo de pan, por un poco más de holgura.

Siempre hemos mirado con tristeza a esas pobres esclavas de la familia que resignadamente todo lo aceptan, aunque esté en pugna con sus sentimientos, porque en el hogar no falte el necesario alimento, que los jefes de él son incapaces de proporcionar, ya por ociosidad o por el funesto vicio del alcohol.

Al cumplirse este decreto, quedaran más de tres mil mujeres sin tener con qué ganarse la vida, pero es preferible soportar unos días de escasez, antes que seguir corrompiéndose moralmente.

No se puede mirar indiferentemente cómo se desmoralizan esas jóvenes que tienen la desgracia de recurrir al empleo de cantinas, aceptando, forzosamente, a trueque de perder la ocupación, los dichos groseros y compromisos para beber de los parroquianos.

El aplaudir este decreto, no es simple mojigatería, pues nadie mejor que nosotras anhela la completa libertad de acción para la mujer, pero en nuestra actual situación no es tiempo todavía de que empecemos por esas libertades que encierran una corrupción. No empecemos por colocar a la mujer en la senda más recta que conduce a la perdición. Hay que educarla y prepararla, para que así entre resueltamente a combatir con los peligros de que está sembrada la vida.

Hagamos obra completa de regeneración, pero de regeneración moral.

Adelante

La Alborada, número 24,
diciembre de 1906

El presente siglo, o sea el llamado de las luces, no ha pasado desapercibido para el cerebro femenino. Con grato placer admiramos a nuestras compañeras de la capital como, aunque paulatinamente, se abren paso al progreso y al engrandecimiento intelectual de nuestro sexo, derecho oscurecido por los añejos pesimistas, que creyeron y aun creen, que la mujer proletaria, es solo un mueble obligado del hogar, la nodriza encargada de crear vástagos o la esclava dispuesta a obedecer humillándose.

No, y mil veces no; nuestro mejor acervo nos lo viene manifestando el avance femenino que se desarrolla actualmente en Santiago con la formación de la entusiasta Asociación de Costureras, Protección, Ahorro y Defensa.

¡Qué nombre más hermoso, más significativo y de más fondo!

La mujer obrera, noblemente unificada para protegerse, busca al amparo del ahorro, la defensa de su inicua explotación.

¡Cómo temblarán los tronos de los burgueses, los sanguijuelas de la vitalidad obrera, los verdugos de nuestras aspiraciones nobles y generosas que son sofocadas al peso irritante de la injusticia criminal!

Todo, todo habrá sufrido conmoción, no lo dudamos.

La mujer obrera, arroja lejos la librea humillante de la esclava. ¿Por qué?

Fácil de comprenderlo. Desde su más tierna infancia ella ha contemplado abismada la insolente esclavitud, en que han vegetado sus padres, sus parientes y amigos, ha visto con qué inhumana avaricia absorbe el propietario su escaso jornal y ha traslucido por fin, la enorme diferencia de la desigualdad de clases.

¿Podría, acaso, permanecer por más tiempo, retraída al desenvolvimiento que opera actualmente la clase trabajadora del universo?

Creemos que no y por lo tanto nos alistamos, haciendo guardia de honor al ejército proletario, que con pasos agigantados marcha a la futura conquista de un bello y feliz porvenir.

Ya era tiempo…

¡Ojalá que en breve, todas las proletarias de Chile, reconozcamos el puesto que nos corresponde y cooperemos a la magna obra de las modernas reformadoras, que desde las columnas de *La Alborada* nos inducen a buscar la aurora de nuestro mejoramiento.

¡Compañeras, adelante! ¡Al trabajo, a la lucha y a vencer!

ELOÍSA ZURITA V. DE VERGARA

La hizo feliz

***La Alborada**, número 24,
diciembre de 1906*

Amiga lectora: Tal vez sois madre con pequeños hijos, o viuda con un solo nenecito, o joven novia que pronto se casará y que ignora cómo va a crear hijos sanos y robustos para su vejez.

No hay duda de que le interesa saber cómo ser feliz con sus hijos.

Por medio de un relato verídico de doña Eva Goñi y su enfermizo y débil niño, llamado Pepito, aprenderá algo que ignore:

Por consejos de los enemigos de baños e higiene, la señora Eva jamás bañaba a su niño, por temor a los resfriados.

Lo manejaba demasiado arropado, por lo cual olía a mugre, quemándose interiormente. Además las golosinas perjudicaban la vida corporal del niño.

Una mujer de campo hizo cambiar el pésimo sistema de crianza, de doña Eva. Le aconsejó que tuviera descalzo al niño, que lo bañara y no lo arropara tanto y que le alimentara con harina, leche, legumbres y frutas.

Después de un tiempo el niño antes endeble y enfermizo, era robusto y hermoso.

Por medio de una regular instrucción, una buena profesión y un sano roce social, Pepito, cuando grande hizo muy feliz a su querida mamá.

En la actualidad muchas madres son desgraciadas con sus hijos, pero es porque ellas los abandonan a la sociedad, la ignorancia o las malas compañías. Con tan mala crianza, jamás serán felices con sus hijos.

ABILA M.J.

Infelicidad nuestra

**La Alborada, número 26,
diciembre de 1906**

Se ha dicho que en todo tiempo y todos los idiomas que «la mujer mezclada en actos de fuerza o audacia inspira horror» (Voltaire ridiculizando a Juana de Arco).

Ahora, bien: si en actos enteramente físicos excita en el hombre sentimientos de desprecio, ¿por qué ha de ser así también en actos morales e intelectuales?

La inteligencia, el genio, el preclaro raciocinio en la mujer son para el hombre, cualidades de verdadera ridiculez y la sátira ha dicho y agotado lo que en sí encierra de más mordaz y cruel.

Se ha dicho que la mujer es, lisa y llanamente, para la perpetuación de la especie humana.

Si los detractores de nuestro sexo no nos hubieran oprimido, satirizándonos y molestándonos con su eterna y pretendida superioridad, habríamos seguido humildes y sumisas obedeciendo sus órdenes, sus mandatos, caprichos y deseos con la sonrisa en los labios sin replicar.

¡Ay, pero si hoy alzamos la frente alta, sí, muy alta, si se quiere hasta con arrogancia y lanzamos ayer lastimeros, es porque está colmada la medida, estamos cansadas y sin fuerzas para resistir tanta humillación!

El hombre debe dar a la mujer subsistencia, ternura, defensa; sin embargo, hay solamente algunos que comprenden tan sagrados deberes, son pocos los que a modo de aquellos valientes paladines de la antigüedad, defendían en la liza a su dama, dejando muerto a su ofensor.

En la antigua Roma, en tiempo de la barbarie, Rómulo, su fundador, dictaba leyes en que facultaba a los maridos para imponer la pena de muerte a sus mujer, pero prohibía, bajo cualquier pretexto, su separación.

Desde entonces a hoy no es mucha la diferencia.

ARIADNA

Al correr de la pluma

La Alborada, número 27,
enero de 1907

Tristes reflexiones ha traído a mi cerebro la vista cinematógrafa, que, a modo de biografía prosaica, pero dolorosamente cierta, ha hecho el señor J. Joaquín Salinas en su artículo de «La reforma» del jueves 3 del presente, con motivo de un análisis que hace de la labor de algunas vencidas luchadoras femeninas.

Naturalmente que la fría y mordaz biografía de esas nobles desilusionadas, resalta dolorosamente ante las cariñosas suaves y hábiles pinceladas que merecidamente a Carmela Jeria y Eloísa Zurita hace el conocido y viejo luchador.

No es mi ánimo refutar el artículo aludido, ni menos defender las causas que esas fugaces y nobles luchadoras de nuestra causa tuvieran al posponer la voz del estómago a la oculta y vibrante voz de los ideales.

Pero el compañero no desconocerá que fluyen diversas y poderosas causas que obligan a la mujer a decepcionarse del ideal y causa que abrace. En primer lugar, abona a la mujer que cede en la lucha, el ambiente en que vive y de que está rodeada. Después, y que no es menos, la despiadada crítica y habladurías que de su labor se hace y la indiferencia matadora que el elemento interesado poco a poco (¡incomprensible!) va demostrando y por último la falta de ese hermoso secreto de los triunfos, talismán que yo lo llamo, y que muy pocas poseen, para no dejar llorar al alma sobre las ruinas del mutismo, ignorancia e indiferencia. Y pregunto:

¿Quién o quiénes han sido los que se han encargado de ataviar a la mujer con las necesarias y eficaces armas que en lo mejor del combate le hacen falta?

¿Quiénes son y dónde están los que se han encargado no solamente, de preparar la tierra, donde la sana semilla fructifique, sino también de preparar el espíritu de la mujer para que soporte una lucha, en que cientos de cientos de hombres, convencidos luchadores, han sucumbido ante el brillo mágico de ese dios todo poderoso que se llama Don Dinero?

¡Ah, ya lo vemos! No es la condición del sexo, no es la fuerza material la que aniquila a la mujer, pues está probado que produce un cincuenta por ciento más de energías, valor y fuerzas que el hombre, pues por ahí la vemos, para pública (¿e irremediable?) vergüenza en los antros que se llaman fábricas y talleres trabajar 14, 16 y más horas diarias, sin un minuto de descanso para reponer el desgaste de sus energías.

Indudablemente que vencida la mujer ante este cúmulo de reales obstáculos y aún más, no disponiendo en la mayor parte de los casos, del tiempo necesario para dedicarse a la consecución de la causa, tiene que ceder a lo que el compañero Salinas dice: «vencida por los efectos de su mísera vida, ceden a interesados consejos o al poder de mendrugos que sacian hambres».

¿Y qué queréis que haga la pobre mujer que, sola, aislada, sin medir sus fuerzas muchas veces, en un momento de santa inspiración cuando la fría realidad del egoísmo e injusticia humana la obligación a alzar su voz, protestando del vil proceder, para retar a sus verdugos? Y anhelante corre donde sus explotadas hermanas a reclutar la falange que será la muralla donde se detengan las ambiciones y explotaciones y en vez de encontrar el elemento que ella esperaba, solo encuentra inmoralidad, miedo e inercia.

¿Y cómo entonces pedir que esos lampazos de luz en noche de tempestad duren siquiera el tiempo necesario para formar la bella y soñada realidad, cuando todos los elementos que le deben dar vida se confabulan contra ella?

¡Ah! Cómo llega a mi mente refrescando mis reflexiones el hermoso principio que se llama reciprocidad de ideas y solidaridad para sustentar ideales que darán el triunfo a las humanas aspiraciones de las colectividades proletarias.

¡Y cómo deseo desde lo íntimo de mi ser, que este principio que debía ser doctrina de toda colectividad que se cobija bajo el escudo de emancipación social y económica, fuera tan necesario como el espíritu de conservación que se anida en nuestra vil materia!

El corto espacio de nuestra minúscula, pero valiente hoja, no me permite desarrollar por completo mis ideas, básteme solo dejar constancia, que la lucha y cooperación de la mujer, será estéril, mientras tanto nuestros protectores compañeros no nos eduquen convenientemente para resistir este combate que es superior a las fuerzas del hombre.

¿Que el hombre ha luchado y conseguido sacar adelante pasajeros beneficios? Esos efímeros triunfos en la mayor parte de las veces también han sido «lampazos de luz en noche de tempestad».

Bien es cierto que las últimas organizaciones obreras han conseguido triunfos más positivos, pero ¿cuántos luchadores desfallecieron antes de vislumbrar el principio de sus esfuerzos, sacrificios y fatigas?

Dejemos constancia que la semilla afanosamente esparcida y que, mal que mal, ha fructificado en medio de la cizaña, es a quien se debe los últimos triunfos.

Me he iniciado en la tradicional y humana lucha, no la temo. Llevo a la contienda diez años de triste experiencia, adquirida en mi largo peregrinaje por diversos talleres; solamente sufro pensando que batallaré mucho para hacer surgir mi santa doctrina: Reciprocidad de ideas y solidaridad para sustentar los ideales que darán el triunfo a las humanas aspiraciones de las colectividades proletarias.

Al escribir estas, mis desaliñadas reflexiones, solo me ha guiado el deseo de dar a conocer las ejemplificadoras enseñanzas que se sacan de la reflexión de las buenas lecturas.

Un dejo amargo quedó en el fondo de mi sencilla alma, al ver el prosaico fin de mis precursoras hermanas Brígida Silva, María Julia González y Clorilda Ibaceta, y si la indiferencia y egoísmo acompañara mi labor, desearía el fin de Clotilde Ibaceta.

¡Sería feliz en ir a formar el corazón y el cebro, de esa naciente generación de conscientes luchadoras!

ESTHER VALDÉS DE DÍAZ

Unión es fuerza

La Alborada, número 28,
enero de 1907

Aunque se me tilde de majadera, no me cansaré de repetir siempre que la unión constituye la fuerza y que esta, y no otra, debe ser la querida divisa de todos los obreros de mi país.

Unión es fuerza: este pensamiento encierra una gran verdad que no bastaría para destruirla ni la acción de la maldad, ni la acción del tiempo.

Cuando el pueblo se ha convencido de que la unión es fuerza y puesto en acción, con toda energía, este hermoso axioma, ha destronado reyes y tiranos.

Ha cambiado las naciones, ha reformado sus costumbres y sus leyes y, en toda ocasión, ha salvado a la República.

Al grito formidable de «unión es fuerza» lanzado por las muchedumbres hambrientas y desnudas, han temblado los déspotas y canallas y la justicia y la libertad no han sido eclipsadas en el cielo de la humanidad.

A ese mismo grito del pueblo tan humillado y tan vejado por sus mismos verdugos, ha sucedido después una era de mayores garantías para la vida del hombre y para el desarrollo progresista y creciente de los pueblos.

¡Pan y trabajo! Esto no es grito de rebelión si no de orden y jamás podría ser lanzado con más vibrante entonación que cuando los que lo piden están unidos y compactos.

Así como la unión no solo es necesaria si no indispensable en una familia, de mayor significado y tan necesaria es en una colectividad social, que como en un gran país forman una gran familia.

La familia humana unida y compacta y que solo tuviera un noble objetivo, una aspiración común, sería el bello ideal realizado, ya que estamos siempre divididos por creencias diferentes, por lengua y hasta por raza.

Mas, no puede ser un ideal en un país como el nuestro, cuyas aspiraciones deben ser lo común, con mayor razón en el caso contemplado por nuestra causa, en que defendemos sin egoísmo, el derecho de ser libres y que la justicia no reconozca clases.

No puede ser un ideal nuestras aspiraciones, en un país que nació a la vida independiente, siendo un humilde esclavo, y donde todos nos conocemos y donde no existe, ni puede existir, nobleza de sangre.

Sería un necio, el que dijera en Chile que es noble. Sería un necio, repito.

Nosotros no conocemos más nobleza que la que da el trabajo, la honradez y el estudio. Esa es nobleza.

El hombre no puede ser superior a otro sino por atributos de la naturaleza.

Un hombre trabajador vale más que un holgazán, aunque este diga tener pergaminos de abolengos.

Los pergaminos de nobleza han sido comprados por el oro de los ricos. Nosotros no los queremos ni en valde. No los necesitamos.

Lo que queremos, lo que necesitamos es unión, es fuerza, es energía para alcanzar el triunfo de nuestra causa.

Lo que deseamos es libertad, es justicia, para que de ese modo sea menos difícil ganar el pan de nuestros hijos, con el trabajo que engrandece a los hombres y dignifica las naciones.

Eso queremos, eso deseamos.

ANA LUISA ROBERT

Nuestra situación

La Alborada, número 29, enero de 1907

El ideal que en estos momentos está preocupando a una parte de nuestro sexo, merece no solo nuestra atención sino también la de toda persona amante de la igualdad y adelanto de los pueblos.

Ese ideal, la emancipación e instrucción de la mujer, ha sido en estos últimos tiempos muy debatido.

Muchos defensores ha encontrado; muchos han roto lanzas en pro de la emancipación de la mujer obrera.

Pero… ¡triste es decirlo! No se han dado pruebas de verdadera sinceridad.

Con dolorosa sorpresa nos hemos impuesto muchas veces, del comportamiento que observan en el hogar algunos valientes partidaristas del feminismo que, públicamente, protestan del yugo ignominioso que sobre nuestras cabezas pesa, y que en diarios y periódicos piden una y mil libertades para su sumisa compañera de infortunio.

Con el alma acongojada por el más cruel escepticismo, que nos hace dudar de todo, hemos penetrado en el hogar de uno de esos partidarios de la libertad de la mujer.

La amante esposa, cariñosa y humilde, implora mudamente con tiernas miradas un poco de compasión o amor de su indiferente compañero; un poco de libertad e instrucción que le permita desempeñar su papel de madre con más capacidad.

Pero nada… el propagandista incansable del adelanto de la mujer se hace sordo a los ruegos de su esposa y solo por única respuesta, obtiene frases amargas e hirientes que le recuerdan su mísera condición de esclava.

No ejerce, pues, la mujer en el hogar derecho alguno, ni menos es tratada con las consideraciones que merece, ni recibe educación en armonía con las ideas callejeras de su esposo. Y la eterna lucha continúa: a veces cruda y amenazante, cuando en el alma de la mujer brotan algunos destellos de rebelión ante el despotismo del hombre, y las más de las veces, pasivas y sumisas, dado el carácter que se nos ha inculcado, de soportar pacientemente todas las tiranías.

No hay que decir todavía que nos hemos emancipado y que nuestro grado de adelanto es mucho.

¡No! La hora de nuestra completa emancipación aún no ha llegado.

Debemos, aunque sea con sobrehumanos esfuerzos, empeñarnos en aprender a aborrecer las cadenas, sean cuales fueren: en grabar en nuestra alma el horror a los prejuicios, destinados solo a eternizar nuestro cautiverio.

Y digamos, también, a tanto luchador del mejoramiento social e intelectual del pueblo, que toda la libertad que anhela será siempre un fantasma mientras la mitad de género humano viva en humillante esclavitud.

Tócanos a nosotras mismas, si no nos acompañan con la debida sinceridad, procurarnos nuestro bienestar, para lo cual nos debemos desde luego poner en pie, con decisión y valentía, y parafraseando a un notable pensador socialista, digamos: «nuestra emancipación verdadera está en nosotras, debe ser obra de la mujer misma».

CARMELA JERIA

¿Cómo emanciparnos?

La Alborada, número 29, enero de 1907

Pensemos un poco.

Antes de entrar a combatir los males que nos oprimen y nos hacen la triste esclava del hombre y de la sociedad, busquemos cuáles son estos y el origen de ellos.

La mujer, y al decir la mujer no solo hablamos de la obrera sino de la de todas las clases sociales, vive en un concepto falso de lo que es y cómo se le aprecia; mucho menos conoce ni piensa en la manera de hacer en su vida un triunfo seguro y estable.

La mujer da en la sociedad presente ni más ni menos que un juguete de los caprichos del hombre, e inconsciente se prepara y se adorna para este deshonroso y humillante sacrificio.

¿Por qué? Veámoslo.

El brutal sensualismo del hombre que lo hace vivir solo para sus sentidos busca y fomenta aquello que puede halagar la vista y dar cumplida satisfacción a sus pocos bondadosos pensamientos y deseos.

Así, para la pronta realización de que aspira, adula y endiosa a la mujer, levantándole pedestales de mentida gloria y cariño; tiende a su paso brillante alfombra de galantes flores, pero ¡sí! Son flores que entre sus pétalos llevan siempre el veneno de su egoísmo y su abyección. En todos aparenta ser decidido partidario de la emancipación femenina, pero ¿qué hace? Vésela pronto oficiar en el altar de la lisonja.

¡Hermosa arma emancipadora!

¿Acaso con incienso, con adulo, con ese arrullo patético y sentimentalista que arroba y enerva a las que lo reciben, va a obrar la liberación del sexo y alcanzar su progreso positivo? ¿No es esto un canto de sinceridad que, de forma traidora, quiere hacer dormir dulcemente al espíritu que aspira a la lucha y al triunfo?

Sí, así es. Nuestra emancipación, como la de todos los esclavos, tiene que hacerse por los mismos que llevan la pesada y oprobiosa cadena, tenemos que nosotras mismas cortar los sombríos y odiosos eslabones; lo demás es sueño, es pura ilusión de calenturientos cerebros.

¿Qué los hombres nos ayuden? ¡Ja, ja, ja! ¡Eso no es tal! Ellos nos devuelven fervorosamente la sabrosa y desgraciada manzana del bíblico Edén.

Y por desgracia, la mujer se deja adular, se deja envanecer, cree en la mayoría de los casos que su hermosura y su donaire es toda la fortuna del hombre que (la desea) no la ama.

Hemos visto a las mujeres de la alta sociedad ir como verdaderas diosas por los paseos, a los teatros y a los bailes, repartiendo sonrisas, como un favor inmerecido a la barnizada corte de aduladores que las cercan. ¡Infelices! ¡Cuán pobres y esclavas son!

La vanidad masculina sigue, corteja y se humilla ante las hermosas, la gracia y la elegancia; pero el criterio y la dignidad del hombre, del verdadero hombre, a cuya compañía debe aspirar la mujer, se sonríe compasivo ante el lujo de manifestaciones de conquista que se le hacen, y solo observa y aplaude —no se humilla— ante la mujer modesta de espíritu de trabajo, juiciosa y pulcra. Para ellos, la elegante, la mujer de mundo, no es más que una bonita flor que, como una camelia, puede llevarse por vanidad en el ojal de su vestón.

A mi juicio, el origen de la esclavitud que nos agobia no es la ignorancia que nos envuelve, no es tampoco la poca libertad que tenemos para compartir con el hombre los problemas que le dan los negocios de la vida, sino que es pura y exclusivamente nuestra poca juiciosa pretensión de agradarlos en sus vanidades y locuras.

La conquista debe empezar entonces por nosotras mismas, desprendiéndonos de todo aquel lujo que muchas veces nos es odioso, con que pretendemos agradar, no admitir y despreciar a los que nos traen lisonjas que nos humillan y dejar todo aquel cúmulo de cosas que dentro de nuestra vivienda, como fuera de ella, tienden a hacer de nuestra vida una eterna ficción: en una palabra, pongamos cortapisas a las tonteras y ridiculeces del hombre que procura agradarnos en nuestra vanidad.

Empecemos por esto y habremos dado un gran paso en la senda de nuestra libertad y clavado un agudo dardo en el corazón de los tartufos ridículos que procuran siempre favorecerse con nuestro estado actual.

¡Decisión y energía!

SELVA

Emancipación social de la mujer

La Alborada, número 29,
enero de 1907

Han transcurrido largos años y la mujer no ha podido aún cumplir su misión, ni encontrar los nuevos horizontes a las vehementes aspiraciones de justicia y libertad.

No obstante, nuestra sumisión, llegó a la época en que, abriéndonos paso ante la verdad y la justicia, buscamos el progreso por medio de la sociabilidad que es la fuente productiva en el cual se recibe el sabroso fruto de la instrucción, tanto moral como intelectual, ansiando de esta manera establecer la igualdad.

Entonces la mujer realizará la hermosa obra de emancipación social, que es a la cual aspiramos en la sociedad moderna, rompiendo así las cadenas de la servidumbre en que hemos permanecido en todas las edades.

Hoy queremos conquistar un puesto más honroso: queremos que la semilla de la instrucción se desarrolle en nuestras facultades mentales.

La mujer ha estado siempre sometida al despotismo, vegetando en la ignorancia.

La sociabilidad nos liberará, engrandeciéndonos.

¿Por qué entonces no contribuimos todas a edificar el templo para nuestra felicidad, donde la sociedad femenina tenga el horizonte vastísimo de la virtud?

Esta es la obra más noble y hermosa que transformará por completo a la mujer.

Para dar nuestros primeros pasos en esa senda, necesitamos fortalecer nuestro cerebro con la vivificante luz del saber.

Nuestra misión es procurar la prosperidad y felicidad de los pueblos, evitando el despotismo y la tiranía.

BAUDINA PESSINI T.

De cómo entienden los hombres la Virtud (I)

La Alborada, número 34,
marzo de 1907

A la par que los hombres han dictado las leyes, han inventado una palabra con la que nos azotan sin cesar. Sus discursos, sus libros y sus panegíricos están llenos de esta palabra: ¡virtud! Pero, no creáis que la virtud que piden a las mujeres sea la verdadero significado de la virtud, como la entienden los hombres para sí.

Dicha palabra, tenía un sentido elevado y noble, que quería decir «valor, sinceridad» y ellos han desnaturalizado dicho sentido, para aplicarlo exclusivamente al uso de las mujeres. La virtud tal como ellos la comprenden para nosotras, es la habilidad premeditada y falaz, que consiste en negar al que nos inspira amor, la manifestación de una llama que anhelamos compartir.

La virtud para nosotras es la gloria de llegar a no sentir nada humano; es el arte de helar nuestro espíritu y nuestros sentidos de manera que no comprendamos ninguno de los encantos de la vida; la virtud es para nosotras el ser prudente hasta el punto de arrojar de nuestra casa a toda creatura varonil que no nos inspire simpatías; es secuestrarnos y encerrarnos de manera que no nos arriesguemos a la seducción de la vista ni a la de la conversación.

La virtud para nosotras es la carencia de caridad, consuelo, expansión y ternura;

es la disecación completa de nuestras facultades y de nuestro corazón; porque los hombres dicen, como el filósofo aquel que llamaban loco, J. Jacobo Rousseau, que «la mujer de quien se sospecha está deshonrada».

La virtud para nosotras es la sociabilidad destruida, es el dintel cerrado de nuestra puerta, es un sepulcro, es la muerte.

Poco les importa que sepultadas en el temor que les causa, la opinión a cuyo dorso se adhiere la observación de Rousseau, muramos de frío, de aislamiento y tedio, porque para ellos, bien lo sabéis, se abren de par en par todas las puertas de la preocupación.

Temen que se les falte, pero no tienen ningún escrúpulo en deslizar sus vicios en casa de su vecino. Luego, pues, lo que establecen para nosotras es una irrisión para ellos: su código no es el nuestro.

Ahora bien: pregunto, ¿es eso amar la virtud? La virtud es para todos la fuerza de sobrellevar los dolores de la vida; es defenderse armadas con el amor, de los arranques febriles y desordenados que los hombres llaman pasiones siendo solamente sus vicios.

La virtud es también la caridad inteligente y dulce que consiste en ayudarse mutuamente en las tentaciones y en el combate; es la abnegación, la bondad, la indulgencia, es la conquista del sí propio en los combates del egoísmo que causa la infelicidad de los otros.

No, la virtud no tiene un sexo particular, las virtudes son de todos y para todos y esa pobre palabra en que los hombres nos encierran es una mentira que en los tiempos de ignorancia y barbarie consideraban útil a su honor, al cual daban un sentido falso como el que dan al desafío, en el cual asesinan a sus propios hermanos «para honrarse».

HERMANCIA LESGUILLON

De cómo entienden los hombres la Virtud (II)

La Alborada, número 40,
abril de 1907

Además, hermanas mías, examinemos si los hombres aman la virtud que exigen de nosotras; examinemos si verdaderamente admiran a la mujer que tiene una conducta irreprochable; veamos si encuentran virtuosa a la que se defiende del amor con que ellos atacan continuamente.

¿Qué dicen los hombres de la mujer que resiste a todas las tentaciones en que ellos quieren hacerla caer?

¿Qué dicen cuando aceptando esa palabra, en la acepción que ellos le dan, la mujer que quieren pervertir los aleja de su casa y su corazón?

Dicen: «es fría, es una mojigata, es una necia, no tiene corazón, es en una palabra, une mujer insensible».

Ved, sin embargo, un rasgo de virtud según ellos. Cuando un hombre se casa con una joven bien educada, es decir, enseñada a ignorarlo todo o a casi todo, ¿qué hace?

Bien lo sabéis: se desprende poco a poco de ella, porque esa joven sensata no satisface su gusto estragado por el desorden.

Esa criatura dulce, buena, prudente, temerosa y pura no es para él más que un mueble que a veces le es inútil; y a su lado se fastidia, fuma, bosteza y se marcha a otra parte a buscar los atractivos que en ella no encuentra.

Luego es evidente, que los hombres no aman la virtud.

¿No veis a cada paso ambiciosos sin mérito alguno, que se sirven de sus mujeres buenas y virtuosas, para obtener de hombres influyentes los empleos que apetecen? ¿No les veis tentar esa misma virtud que tanto encarecen con riesgo de que procazmente se aprovechen? ¿No les veis instruir por sí mismo la inocencia de sus esposas, para que se vuelvan coquetas, diplomáticas e intrigantes en beneficio de ellos?

¿Por qué, pues, encadenan a las mujeres al carro de la virtud y las aplastan bajo el peso de una encina que ni ellos mismos pueden soportar?

Porque han inventado máximas falsas y deberes hipócritas que los ayudan a establecer actos injustos. Si los hombres amasen la virtud ¿dejarían la casa triste y sin atractivo de la mujer casada que se consagra a sus deberes? ¿Se alejarían de ella cuando necesita socorro o protección, para ir en busca de placeres que compran a peso de oro y que son tan fatales como ilícitos?

¿No procurarían, si amasen la virtud, tomar el sendero de la razón, prudencia y sacrificio que luchan contra el impulso de los placeres y pasiones?

No. No aman la virtud, pues, se apartan de todas las mujeres de las cuales no pueden esperar nada y cuando han visitado a la que necesita consuelo, dicen, a pesar de tanta honradez: «no es buena para nada, ¡es una mujer demasiado virtuosa!».

HERMANCIA LESGUILLON

Instrúyase a la mujer

La Alborada, número 35, marzo de 1907

I

No esperéis de mi pluma, simpáticas lectoras de *La Alborada*, un concienzudo artículo, porque mi poca instrucción no lo permite; pero sí, haré cuanto esté a mi alcance para analizar el título con que he encabezado las presentes líneas.

Quisiera dar explicaciones claras y precisas sobre este tema. Quisiera a la vez ser oída para abrigar la satisfacción de que a la mujer se la toma en cuenta, ya sea cuando habla o escribe.

Inspirada por sanos principios, agobiadas por el peso de la esclavitud, protesto enérgicamente contra los opresores, contra los culpables de que la mujer vegete en la ignorancia.

Declino de toda pasión y hablo por experiencia.

II

Dicen que por ley natural la mujer es perpetua esclava del hogar; creo que por esa misma ley debe dársenos libertad necesaria para buscar los medios para emanciparnos.

Considero que no es natural esa ley, porque no tenemos libertad suficiente para educarnos; no tenemos libertad para pensar a nuestra manera; tenemos que sujetarnos las solteras, al modo de pensar de nuestros padres; las casadas, a la ideal del esposo.

¿Es eso ley natural?

La educación de la mujer está por demás descuidada; no tenemos, sobre todo en el norte, establecimientos donde recibir una regular instrucción o por lo menos en que aprender un oficio para hacer más fácil la lucha por la existencia.

¿En qué país estamos?

El despótico gobierno chileno se profundiza en cuestiones internacionales; se ocupa en dictar leyes que oprimen mucho más al pueblo; pero jamás se ha oído decir de una disposición en pro de la instrucción de la clase productora.

III

La mujer tiene tanto derecho como el hombre de gozar de completa libertad. ¿Por qué entonces se aparta a la mujer de esta natural disposición?

¿Seguiremos, como siempre, al paso de tortuga hacia el oasis de las libertades que a cada cual nos pertenece? ¿Dónde está la equidad que debe reinar entre hombre y mujer? ¿Acaso no luchamos nosotras por la existencia? ¿Es lógico que el hombre sea libre y la mujer esclava?

He recordado el sufrimiento en tiempos pretéritos, veo el presente y considero lo que será en el futuro.

¡Oh, tiempos!

En el norte el sexo femenino no está preparado para una lucha social, nos falta la sabia bienhechora de la instrucción.

Ambicionamos mejores días, felicidad completa, no deseamos fatuas pretensiones imposibles de obtener honradamente.

Réstame pedir a mis compañeras de esclavitud no escatimen esfuerzos e para obtener un poco de instrucción.

BAUDINA PESSINI

Reglamentación de las horas de trabajo para la mujer obrera (primera parte)

La Alborada, número 37,
marzo de 1907

I

A mis hermanas de taller y fábrica:

Para vosotras, nobles y esforzadas elaboradoras del capital que os explota y os mira y considera como bestias y como máquinas, van dirigidas estas mal hilvanadas ideas; fruto de la experiencia de largos años de servilismo: parte de la mansa vida de oveja que 10 años he soportado. Esta producción del pensamiento de la triste, continua y detallada observación de nuestra explotada vida, pecará de muchos defectos, pero como solo es el fruto de mi experiencia y estudio, vosotras me lo perdonareis ya que os ofrezco como tributo de mi alma.

Los gérmenes de moral, orden, aseo y economía que desde temprano se inculca en el alma del niño, en la primavera de la vida empieza a dar sus frutos.

Y así vemos que, siendo el individuo ilustrado, teniendo conciencia de sus deberes y derechos no puede permitir la existencia de ningún abuso, ni que existan leyes que lo perjudiquen ni aceptar las exigencias particulares de los industriales que quieran explotar su trabajo, en cambio de irrisorios salarios, de irrisorias expectativas.

El individuo que ha crecido viendo desarrollarse a su alrededor, nobles ejemplos, que sus padres y la escuela le han enseñado a conocer que no es una máquina, ni bestia, sino un ser racional dotado de alma, de corazón, de inteligencia y sentimientos, igual a los demás, que por su condición social tiene que trabajar en humildes labores para proporcionar a los suyos las comodidades que son menester, pero que no permitirá jamás que se le robe o explote el producto de su trabajo, que exigirá, en el sitio donde trabaje, exista tanto la higiene como el respeto y seguridad para su persona; que para procrear, dar vida y educación a sus hijos exige racional jornal que le proporcione sana alimentación, impidiendo de este modo el desgaste de sus energías; exigiendo la jornada de 8 horas, viviendas sanas y escuelas donde educar a sus hijos, este individuo, digo, es al que debemos imitar, tomar como ejemplo para seguir la lucha iniciada.

El obrero europeo, ilustrado y consciente de su misión de trabajador y de ciudadano, como único agente del progreso, como ciudadano libre y soberano, que en sus manos tiene los destinos de su pueblo, debe ser el modelo que debemos imitar y en su organización gremial, en las leyes que lo amparan de la explotación de los capitalistas, en su organización metódicamente económica, solidaria y fraternal, es donde debemos empapar nuestro pensamiento, para que impregnado de ese perfume de sanas enseñanzas, podamos asimilar a nuestra organización obrera los progresos materiales e intelectuales que ellos alcanzan.

II

Nada más humano, nada más civilizado, justo y moral que la limitación de horas de trabajo para la labor de la mujer obrera.

Y ya que, en Chile, las mujeres obreras sufren toda clase de vejámenes, de humillaciones y explotación, necesario es ya que llegue la hora de poner coto a la desmedida ambición del capital, que de la noche a la mañana quiere centuplicar lo que invierte.

¿Por qué la mujer, siendo por su constitución física más débil que el hombre, trabaja mayor o el doble de horas que él?

¿Por qué una Madama o un Musiú que llegan a Chile sin saber hilvanar un trapo, a la vuelta de un par de años son fuertes capitalistas y se dan un paseíto por Europa, cuando a muchos les consta que la instalación del taller, la compra de telas, útiles, máquinas, fue fiada?

He aquí dos puntos interesantes que parece no guardan relación, y que sin embargo analizados se les encuentra común analogía.

Y de este análisis resultará la razón de la costumbre general en la obrera de aceptar un trabajo que dura la mayor parte de las veces, 12, 14 y más horas diarias. Estaremos en materia.

Estamos en un taller de modas donde hay 10 operarias, que en tiempo normal trabajan de 8 de la mañana a 8 de la noche, con hora y cuarto u hora y media de almuerzo, según el taller y que por lo general, concluyen el fin de semana 10 vestidos completos, sean estos sencillos o de gran valalé.

Pues bien: un buen día, el martes, por ejemplo, llega al taller una cliente distinguida y se manda a hacer uno, dos o más vestidos para asistir a la tertulia tal o al matrimonio cual, que debe realizarse el sábado o domingo de la misma semana.

La Madama, después de tomar las medidas y hacerle elegir el respectivo figurín, con mucha finura y afectando sentimiento dice: que teniendo trabajo de las señoritas fulanas o sutanas, que también es muy apurado, no podrá darle cumplimiento esa semana y que para la otra será.

—¿Pero, cómo? —argulle la clienta—. La tertulia, el matrimonio es tal día, y forzosamente necesito para entonces los vestidos…

—Imposible, —agrega la Madama, con calma desesperante y premeditada— tengo tantas operarias y tendría que pagarles el triple o doble para que se quedaran trabajando en la noche. Usted no las conoce —prosigue—. ¡Uf! Las obreras son terribles, un minutito que tengan que trabajar demás hay que pagarle a precio de oro. ¡Ah! Estoy aburrida con las obreras, son insoportables.

ESTHER VALDÉS DE DÍAZ

Reglamentación de las horas de trabajo para la mujer obrera (segunda parte)

La Alborada, número 38, abril de 1907

—Le daré 30 pesos más por cada vestido, pero hágamelo para el fin de la semana, —reclama la cliente.

—No, no me conviene, en pago de operarias se me iría todo; tal vez si me diera 60 pesos más, por cada vestido, me comprometería, a riesgo de perjudicarme, pues tendría que atrasar el trabajo ya recibido.

Total: que se cierra el trato. Con la estratagema la Madama ha logrado sacar, a más del precio convenido de antemano, 60 o más pesos por cada vestido y en vez de buscar más operarias para dar cumplimiento al trabajo, entra como una furia al taller, mira aquí, husmea allá y por fin grita:

—Pero esto es una iniquidad. Ya es martes y ningún vestido se ha concluido; aquí todo el mundo flojea y este vestido que tenía que ser entregado mañana, no ha sido principiado. ¡Oh, Dios mío! Me voy a tener que quedar con él. Estas mujeres me arruinan; ya no se puede contar con operarias y me voy a ver obligada a cerrar el taller.

Se calma un momento, luego dice:

—Bueno; ustedes lo quieren, habrá que quedarse a trabajar en la noche, hasta las diez.

—¡Pero Madama! —dicen algunas tímidamente—. ¿No saldremos a comer?

—¡Cómo! Habiendo tanto trabajo atrasado, ¿alguien piensa en comer…?

—¡Pero Madama! —responde una obrera—, yo vivo lejos y a esa hora no puedo irme sola.

—¿Qué es esto? ¿Dónde estamos? ¿Quién manda? —grita la Madama—. ¡Pues no faltaba más! Yo tengo trabajadoras, no señoritas, la que no le guste bien puede tomar su manto y adiós.

Y sale triunfante del taller, sabiendo de antemano que ninguna obrera se moverá, dando así, cumplimiento a sus clientes… y se llenará más su bolsa.

He aquí descrito débilmente una escena de taller y que se repite lo menos dos o tres veces a la semana y con suma frecuencia en la época de ópera, fiestas de carnaval, setiembre, pascua y año nuevo.

La descripción de este cuadro, el análisis de este hecho, por toda obrera conocido, deja establecido que el único origen, la razón, el principio que existe y que obliga a la mujer obrera a trabajar 12, 14 y más horas diarias, obedece exclusivamente a la avaricia de las dueñas de taller, o sea el capital.

La desmedida y corruptora ambición del capitalista, que no desperdicia la ocasión de explotar al cliente y a la obrera, con la mentida razón de que para hacer el trabajo en un tiempo limitado, necesita pagar el doble a sus operarias.

La costumbre perniciosa de no soltar el trabajo que cae, sabiendo que no es posible dar cumplimiento sin exigirle a la obrera un trabajo extraordinario.

La mala ubicación y distribución del taller, que por economía no se agranda, ni se hacen nuevas instalaciones de máquinas, mesones y enseres y donde no pueden trabajar más de un número dado de operarias, pues la mayor parte de los talleres son una pieza redonda, chica, sucia y sin ventilación o soberados pegados al techo y muchas veces patios húmedos, empedrados o embaldosados o pasadizos donde dominan corrientes de aire (he trabajado en talleres, que eran una pieza de cuatro metros cuadrados con una sola puerta y donde habían ocho operarias, sin más espacio donde darnos vuelta, que el banco en que nos sentábamos).

Todos estos detalles pálidamente bosquejados, son los factores inmorales y únicos que obligan a la mujer obrera a aceptar la explotación que el capital hace de su ignorancia y energías y trabajo.

ESTHER VALDÉS DE DÍAZ

Reglamentación de las horas de trabajo para la mujer obrera (tercera parte)

La Alborada, número 39,
abril de 1907

La razón nos dice que nada hay más lógico, que no aceptar lo que materialmente no se puede hacer, sino se dispone del tiempo necesario para ejecutarlo.

Nada más lógico, que si en un taller con diez operarias trabajando normalmente 10 horas diarias, se hacen a todo reventar 10 vestidos completos en la semana; lógico es no aceptar más trabajo para esa semana, y en caso de aceptarlo, tomar la determinación de buscar más operarias.

Lógico es aceptar lo que la razón, la moral y la civilización enseñan, que sí se hace un trabajo extraordinario, y para hacerlo al cliente se le hace pagar doble; doble, en proporción también, debe pagársele a la obrera, que sacrificando su salud, malgastando prematuramente sus energías se compromete a concluir en un tiempo limitado el trabajo que se le encomienda.

Desgraciadamente, esta corrupta costumbre es herencia y conveniencia del capital, y la obrera nunca verá lucir el día que se le pague debidamente su trabajo, ni se le explote ni se le humille, sin que desechando los añejos prejuicios de sus hábitos e ignorantes costumbres sacudan su modorra, sus energías morales y se dediquen a pensar, por un momento siquiera, en su condición y misión social, que piensen que no son máquinas automáticas que producen, sino seres racionales, con obligaciones y deberes de satisfacer.

Es preciso, aunque una parte siquiera de obreras se pongan de acuerdo para no aceptar las exigencias de los dueños de talleres, no trabajando en la noche ni los domingos y exigir lo que debe ganarse por el trabajo, conforme a las necesidades variables de la vida.

Entonces, será el día que empiece para la vida de la obrera, una era de relativa y necesaria felicidad, pues por felicidad yo entiendo, trabajar racional y conscientemente que el producto del trabajo proporcione lo necesario para vivir como «ser racional y civilizado» que se pueda cumplir decente y holgadamente con las necesidades de la vida y tener derecho a pensar en el porvenir, en la felicidad de los hijos y en el progreso del pedazo de tierra en que se vive.

ESTHER VALDÉS DE DÍAZ

Reglamentación de las horas de trabajo para la mujer obrera (cuarta parte)

La Alborada, número 40,
abril de 1907

«Nada más humano, nada más civilizador, justo y moral que la limitación de horas de trabajo para la operaria», decía hace un momento, y efectivamente, este necesario problema nadie mejor lo puede resolver que las mismas personas interesadas y es preciso que sea afrontado con decisión y valentía por las mujeres que organizando una sociedad gremial, perseguimos el mejoramiento moral, económico y social de la mujer.

Traduciendo mi pensamiento, debo decir que la reglamentación de horas de trabajo para la mujer obrera es tan necesaria como inmediata y si la miramos bajo el punto de vista moral, económico y social, nos admiramos y nos reprobaremos amargamente que todavía no hayan surgido iniciativas colectivas para llevarla a la práctica.

Bajo el punto de vista de la moralidad debemos exigir la limitación de las horas de trabajo, lo que traería por consecuencia la supresión de la costumbre de trabajar en la noche, pues saliendo las operarias de los talleres, fábricas a las 5 o 6 de la tarde, no están expuestas a comprometer su virtud en las sombras de la noche.

Demasiado sabemos de los miles de peligros a los que está expuesta la mujer obrera por tener que retirarse a altas horas de la noche, de los sitios o talleres donde trabaja. Con tristeza y amargura vemos todos los días, a los lobos de la lujuria acechando su presa en las sombras de la noche y la mujer obrera, indefensa oveja, tratada como bestia dentro del taller, se encuentra un lenitivo en el paraíso que el mañoso lobo describe ante su vista e imaginación sencilla, pura y buena, oye con placer y emoción las mentidas frases de un falso afecto, para llorar después de lágrimas de sangre ante la desgracia consumada —ante la virtud, brutal y preconcebidamente profunda— ante las ruinas de tranquilidad y felicidad de un humilde hogar.

ESTHER VALDÉS DE DÍAZ

Reglamentación de las horas de trabajo para la mujer obrera (quinta parte)

La Alborada, número 42,
mayo de 1907

Nadie diría, si la juventud masculina no diera cada momento muestras del absoluto desconocimiento de la educación moral que ennoblece, hace digno y respetado al individuo, por desgracia esa educación no existe; las pobres esclavas como nosotras, no han tenido tiempo para educarse, para impregnar su espíritu de la nobleza que debe guiar todos los actos del individuo y que debía ser mirado como nuestro protector. Y por eso se desarrollan sombríos y silenciosos esos grandes dramas, de la pérdida del honor y hasta la relajación de los sentimientos y costumbres, y cuyas preferidas y desgraciadas protagonistas, en el que noventa por ciento de los casos, son sencillas y humildes obreras…

He aquí, de estas amargas observaciones, que como gotas de hiel destilan de mi alma la «razón moral» para exigir la limitación de horas de trabajo para la mujer obrera, que no obstante, de ser pasto de explotación para la avaricia del capital, es paso de lujuria para la sed insaciable de los lobos siempre hambrientos de placeres…

Examinado bajo el punto de vista económico y social, la limitación de horas de trabajo para la obrera, no solamente le traería un relativo bienestar sino que también disfrutaría de este beneficio el mismo capital, pues mientras menos duro y prolongado sea el trabajo de la obrera, más abundante y mejor será este, por cuanto, no existiendo el desgaste de la fuerza, la obrera trabajará con más tranquilidad y energía.

Y si la mujer es un factor de importancia en el bien social, debemos también pedir la limitación de horas de trabajo, porque ella se impone, es lógico, es humano.

Examínese fríamente la labor de la mujer obrera.

En la mayor parte de los casos, es madre, y no siendo suficiente el jornal del marido para hacer frente a las necesidades de la vida, ella, dejando a un lado la administración y moralidad, crianza y educación de sus hijos, tiene que ir a la fábrica a ayudar a ganar el pan para que la prole no perezca.

Ante este hecho de reconocida verdad, me sugieren las siguientes observaciones. Pueden ser muy bien un complemento a este artículo, no los dejemos escapar y examinémosles:

¿Está la mujer, en este caso, en el sitio que le corresponde en la sociedad? Si no puede atender a la administración, a la moralidad y educación de sus hijos, ¿podemos esperar que el elemento obrero llegue algún día a comprender en todo su significado, a reconocer los intereses de su clase y defenderlo?

¿Puede la mujer en este caso, ser una ayuda social y moral para la lucha de emancipación económica en que el obrero está empeñado?

Si la mujer no comprende en toda su extensión la misión que en la sociedad y en el hogar le corresponde, ¿no es acaso un enemigo inconsciente que tiene el hombre para realizar sus ideales de mejora, mediante la organización gremial?

La mujer que impedida a la lucha por el pan, concurre a las fábricas y talleres, no solamente no está en el lugar que le corresponde, si no que también, sin saberlo, concurre a hacer competencia a la labor del hombre y su ignorancia de los deberes y derechos que le corresponden, la hacen ser una fácil presa del capital que ve en ella un factor precioso para el logro de sus fines; pues la mujer reemplazando al trabajo del hombre, no solamente contribuye a la depreciación del trabajo del obrero sino que también es pasto de injustas explotaciones y su inteligencia atrofiada por la rudeza del trabajo mecánico, impide la realización del ideal de bienestar social y económico que acaricia el proletario.

He aquí, examinando de paso, el perjuicio que existe de que la mujer sea una máquina de trabajo.

La vemos en este caso, no solamente apartada del lugar que le corresponde, sino que también completamente abandonada a su propia suerte, aceptando conforme y mansamente el estado de esclavitud en que se encuentra.

Y si vemos, que examinado bajo el punto de vista social, la mujer en este terreno no está en su lugar, y contribuye con su ignorancia a hacer más difícil el deseo de un relativo mejoramiento; deber de todos es entonces, buscar los medios para que la mujer obrera se dignifique y si no es posible todavía apartarla de la fábrica, porque desde ahí contribuye mecánicamente al sostenimiento de la familia; busquemos entonces los medios para no permitir que su labor sea pasto de explotación y desgaste de energía.

Estudiemos los medios de hacer más digna la misión de la mujer obrera, pidiendo por lo menos la limitación de las horas de trabajo; de este modo le daremos tiempo para instruirse, para recuperar el tiempo perdido, para organizarse y saber también defender sus derechos usurpados, sus intereses amenazados.

ESTHER VALDÉS DE DÍAZ

¡Pobres mujeres!

La Alborada, número 42,
mayo de 1907

Fijad vuestra vista en esa mujer que erguida camina diariamente al taller donde recibe un mísero jornal que apenas le basta para subvenir a sus gastos y soportar una vida llena de privaciones, causa de la terrible esclavitud en que yace.

Esa mujer que veis, como os decía, trabajar modestamente no es la mísera esclava que se doblega al duro látigo de su patrón; no, es la mujer libre y pensadora, que aún a costa de su sangre, que vertería fuera necesario, la vertería gustosa por su emancipación. Y así, marcha siempre, erguida su frente y serena su mirada, desafiando impávida las críticas de aquellos que, descaradamente, ultrajan a la mujer.

¡Ah! Si comprendieran los buenos sentimientos que abrigaba en su pecho, la que ahora triste y desolada llora las dichas de un pasado venturoso y de un porvenir ignorado, la compadecerían.

Pero, no: sucede todo lo contrario.

¡Ah! Es verdad que hay mujeres que solo han nacido para llevar una carga de sufrimientos.

Sucede que después de habernos levantado en un pedestal, aquellos que nos enaltecen para hacernos sus esclavas, nos reprochan nuestra fe y tenemos que doblegar nuestra abatida frente, cargada de dolores e infortunios.

Y siempre existen mujeres que dócilmente aceptan el papel de esclavas, de aquellos que con su hálito inmundo emponzoñan la virtud, único patrimonio de la mujer.

No es tolerable que la mujer siga siendo para el hombre una esclava y no la compañera de sus dichas y pesares.

No puede ser que se siga insultando a la mujer en esa forma y sobre todo hay que ser indulgente con la mujer que cae.

Si todos, penetrados de buenos sentimientos, pensaran como lo hizo Víctor Hugo al exclamar: «Nunca insultéis a la mujer caída. Nadie sabe qué peso la agobió, ni cuántas pruebas soportó en la vida hasta que al final cayó».

Darían pruebas de una vasta cultura moral.

Pocos, muy pocos, tal vez ninguno, compadezca a la mujer, en la forma, verdaderamente sentida, que lo hiciera ese gran talento.

Alma sublime, corazón noble y generoso, yo te bendigo. Con vuestra melancólica inspiración nos dejasteis un dulce consuelo, que mitiga, con su suave cadencia, las angustias de nuestro corazón.

INÉS MACIER A.

La mujer

La Alborada, número 40,
abril de 1907

Siempre el hombre ha dicho que la mujer es incomprensible frágil e indiscreta.

¿De qué modo es incomprensible?

Daré a conocer tres clases: la mujer aristocrática es altiva, nunca se conduele de desgracias ajenas. Es apasionada en extremo por las joyas y brillantes. En los salones es delicada y romántica deseando ser siempre una heroína de novela. Cuando está con personas cuya fortuna es inferior a la suya, es altanera, y con su servidumbre es cruel e injusta.

Cuando soltera siempre tiende a mirar donde brilla más oro y así venden su corazón. ¿Qué les importa los defectos físicos y morales de su prometido? A falta de esas cualidades es rico.

Así es la mayoría de las mujeres aristocráticas y los desilusionados se vengan diciendo que la mujer es incomprensible y frágil.

En segundo lugar están las que son hermosas y que por capricho del destino carecen de fortuna; cómo se avergonzarían de trabajar y vestir modestamente a riesgo que se dijera que son pobres. Viven con diferencia de las primeras, pero siempre ostentando ilimitado lujo.

¿Cómo lo obtienen?

¡Vendiendo su honor! La sagrada herencia que posee y guarda la mujer obrera, que trabaja día a día imitando a la laboriosa abeja, pues los zánganos del capital roban sus energías.

Nunca la obrera se atreve a pedir un aumento, pues esta imprudencia le cuesta la especulación del taller, porque sobran mujeres necesitadas que pierden gratuitamente sus energías y mueren jóvenes presas de la tisis; mueren desapercibidas en los hospitales sin dejar a nadie un recuerdo de su triste estadía en el mundo.

BLANCA POBLETE

En el palenque

La Palanca, número 1,
mayo de 1908

Años de vilipendio e ignominia han pesado sobre la noble personalidad de la Mujer.

Aun hoy, en pleno siglo XX pesa sobre los débiles hombros de la mujer la enorme mole de los prejuicios, sujeta con férreas cadenas al poste de la actual sociedad imperante.

El hombre tras larga y ardua lucha ha conquistado medianamente sus libertades —pero la mujer ha quedado rezagada en el camino del progreso, y de la evolución humana, y desorientada y sola, rechazada por el egoísmo del hombre— hoy sordamente lucha, por desasirse de las cadenas que la oprimen, y ahuyentar el fantasma que le oculta la luz de la verdad y la justicia.

Es verdad, que siglos de ignorancia y esclavitud han ido acumulando sobre nuestra generación, espesas capas de inconsciencia y funesto letargo; y tan arraigada está en nuestra condición de mujer, la creencia que nuestra esclavitud es cosa natural e inherente que creemos tendremos que sostener ruda lucha, dentro de nuestro sexo, para convencernos de lo indigno y despreciable de nuestra condición actual; y que debemos emplear toda nuestra energía, para llegar a conquistar en la Sociedad el puesto que por derecho natural nos corresponde.

A este noble propósito obedece que hoy un grupo de modestas mujeres den forma a un pensamiento largo tiempo acariciado.

La evolución humana —la toma de la Bastilla— la conquista del mejoramiento económico y social de la humana especie, las relativas libertades conquistadas en los pueblos civilizados, no lo han hecho los satisfechos, hemos pensando; y he aquí el origen de este secreto valor que nos anima.

La evolución y después la revolución que ha de destronar al actual sistema imperante debe ser iniciada y terminada por los débiles, por los humildes, por los explotados, por lo que sienten hambre y sed de libertad y justicia, y energías hasta hace poco desconocidas, la visión terrible de la sorda y tenaz lucha de nuestro hermano de trabajo, la convicción de que esa lucha necesita una suma considerable de valor, acción y energía nos ha hecho vislumbrar que la ayuda de la mujer proletaria ha de ser decisiva en la colosal y desigual lucha.

Y henos aquí anónima y modestamente allegar nuestro esfuerzo y voluntad al problema que en el mundo entero está en vías de resolverse.

La empresa que hoy iniciamos no es nueva; es solo continuación de la interrumpida labor que el 10 de septiembre de 1905 iniciara en Valparaíso nuestra hermana de lucha Carmela Jeria con la publicación de *La Alborada*.

La destrucción del hogar y una serie no interrumpida de desgracias que ha oprimido a nuestra hermana, la obligaron a interrumpir su noble cruzada, mientras ella se ve abatida físicamente por la larga y cruel enfermedad, nosotras discípulas poniendo a la unión y organización como apoyo, nos apresuramos a tomar el extremo de la palanca, (momentáneamente abandonada) para derribar ese funesto pasado que pesa sobre nuestros hombros.

¿Es preciso luchar?

La Palanca, número 1,
mayo de 1908

Esta es la secreta interrogación, de aquellos que comprenden, su inactividad funesta.

¿Acaso, sin luchar vence el sanguinario guerrero, en el maldito campo de batalla?

Es pues, necesario luchar por nuestro mejoramiento social, y desechar la creencia vulgar que «la vida es solo un sueño». No, la vida no es un sueño efímero y fugaz es dolorosa realidad.

¿Cómo se comprende entonces el interminable cortejo de sufrimientos y desengaños? Esta es una ancha senda de abrojos y punzantes espinas, ocultas por vistosas rosas que a primera vista nos fascinan no por su aroma, sino por su hermoso colorido.

Allá van las inexpertas mariposas, atraídas por aquellos pétalos que parecen llamarlos con sus brillantes y falsos matices, y se encuentran con el dardo envenado que, sino les da la muerte, las deja sangrando, salpicando así los mismos pétalos ya despreciables y sin mérito alguno.

Esta es la vida: ¿podemos acaso esperar impasible nuestro mejoramiento social?

¿Vendrán extraños a nosotros, por ventura, a romper el eslabón de la cadena que nos ata como objeto servil?

¡Imposible! El carcelero remacha más y más los grillos al inocente reo, y el señor oprime cada vez un tanto peor a su indefensa esclava.

Es necesario luchar, hasta dar derrota a la funesta ignorancia, que cual cizaña voraz, consume toda esperanza de bienestar y libertad. Es preciso alumbrar la oscura senda de esas almas enfermas que marchan impasibles y estoicas al abismo de la ignorancia.

El ignorante vive como el espectro: vagando en un inmenso desierto sin brújula que le encamine y a merced del destino, que es tan egoísta.

¿Qué sería, si la mitad siquiera de los hijos del trabajo, tuvieran en sus cerebros esa luz bendita de la instrucción?

Entonces nuestro progreso sería efectivo, no sería preciso morir luchando, sin llegar a vencer.

¡Hermanas, Hermanos empezamos por sembrar la benéfica semilla de la instrucción, en el estéril y vasto campo de la ignorancia! A los ratos ardientes de la acción y perseverancia, pronto terminará teniendo para el futuro esperanza de ricos y abundantes frutos.

Así fortalecido nuestro débil sexo, podremos con seguridad exclamar.

¡Luchar es vivir!

BLANCA POBLETE

El vicio y el crimen legalizados

La Palanca, número 2,
junio de 1908

De vez en cuando se producen en la sociedad tan graves acontecimientos de desequilibrio moral, que la opinión pública se conmueve desde sus cimientos y el poder judicial airado y terrible busca y analiza el origen del hecho y castiga severamente al delincuente.

La prensa de arriba, con una actividad automática escudriña y encuentra el origen del crimen, y todos a voz en cuello declaran que, el que armó el brazo del criminal, el que instigó a insultar y enlodar el nombre de la sociedad, fue el alcohol.

Casi la mayor parte de los vicios que hacen presa del hombre y de la mujer son engendrados por el alcohol. La prostitución, el robo y la miseria tienen su origen en el alcohol (veneno patentado por nuestras leyes).

El alcohol es sindicado como la más terrible plaga que pueda pesar sobre un pueblo y la prensa grande, de vez en cuando, abre terrible y tenaz campaña en contra de tan funesto enemigo.

Sin embargo, triste es decirlo, al alcohol, encuentra también sus más fieles amparadores y fomentadores en las columnas de esa misma prensa y aun en las leyes del país.

Grave es esta aseveración; pero los hechos que día a día se producen la confirman.

Busquemos el origen del mal.

Es proverbial la fama que los dirigentes atribuyen al pueblo, respecto a que el obrero es el individuo más beodo y flojo que se conoce, circunstancia por la cual, las fábricas, talleres, maestranzas y faenas se ven desiertas durante tres o más días a la semana.

Desesperado nuestros dirigentes del proceder del obrero nacional; por intermedio del gobierno hacen traer de Europa los individuos que necesitan para sus industrias, pero, al poco tiempo de aclimatados al país los sobrios extranjeros siguen y se confunden en una misma costumbre, en una promiscuidad de vicios y defectos.

¿A qué se debe este extraño fenómeno de cuya perniciosa influencia no se libra ni la mujer, ni el adolescente, ni el extranjero?

Una rápida ojeada a nuestras deficientes leyes y a la tolerancia inexplicable de las autoridades nos dan inmediata respuesta.

Sabida es la costumbre de nuestro pueblo; el día sábado se paga del jornal correspondiente, y antes de llegar a su tugurio, donde el desorden y la miseria imperan, prefiere pasar a la cantina en cuyas emanaciones alcohólicas olvidan la triste y pesada realidad de la vida. El día domingo, aun no disipados los efectos del alcohol, se le presenta a la vista, en las columnas de la prensa, la tentadora expectativa de jugar a las patas de los caballos, los escasos pesos que le sobran. Olvidando el hogar, el obrero llega al club, y si por casualidad logra ganar unos cuantos pesos, una nueva noche de jolgorio se le presenta tentadoramente, o si bien a perdido: la manta, los zapatos o cualquier cosa empeñará, para poder desquitarse en las carreras que los días lunes se efectúan en el Hipódromo Chile.

Y vuelve aquí a repetirse la expectativa de la mañana del domingo. Si gana, celebrará las ganancias, si pierde se ahogará con alcohol, los efectos de su perra suerte.

He aquí bosquejado a grandes rasgos, el origen de las perniciosas costumbres de un 50% de obreros.

He aquí la causa por qué los talleres, fábricas, faenas y hogares se ven desiertos durante varios días de la semana y estupefactos vemos también que nuestras leyes, nuestras autoridades, concurren con su complicidad a mantener y fomentar este deplorable estado de las cosas.

Si como medida previsora, las autoridades dispusieran el cierre de las cantinas desde el sábado en la tarde al lunes por la mañana, y como digno complemento, se agregara la supresión de las carreras del día lunes, veríamos muy pronto la disminución de alcohólicos, crímenes y escándalos, y los talleres, fábricas y faenas contarían con sus operarios necesarios, y el hogar, el triste y abandonado hogar de la obrera, vería llegar con alegría el día sábado y el extraviado consorte cumpliría con sus deberes de padre, de hijo o de hermano.

Sobre organización femenina obrera

La Palanca, número 2,
junio de 1908

Siempre es la mujer proletaria la que marcha más lentamente en el progreso; somos nosotras las que quedamos estacionarias en las viejas creencias siguiendo la rutina de la ignorancia; las más tímidas para mirar frente a frente la verdad, la razón y el derecho.

Es verdad que no somos culpables de nuestro atraso intelectual; son muchos los factores que influyen en contra de nuestro desarrollo mental hay intereses contrarios a los nuestros, a los cuales no conviene que la mujer se ilustre y conozca su derecho de ser humano.

La enseñanza hipócrita de una moral convencional ha servido a manera de tumba de hielo para petrificar el cerebro femenino; matar en embrión las manifestaciones de libertad y de individualidad.

Las sociedades humanas cambian en su organización, de monarquías absolutas en constitucionales y en repúblicas; pero estas formas si concluyen con el sufrimiento de una parte de la colectividad de los hombres, no mejora en nada la situación social de la mujer proletaria.

La mujer pobre es siempre la eterna víctima que calla y muerde humilde el látigo de su triple esclavitud. No queda a nosotras, hijas del hambre y del dolor, más que sufrir en silencio, y enjugar, con los andrajos que cubren el cuerpo de nuestros enflaquecidos hijos, las lágrimas que el verdugo del taller o el extraviado consorte, hacen arrancar de nuestros ojos a fuerza de martirios morales o físicos.

No digo que todas seamos iguales, pero no todas tampoco somos felices, todas estamos expuestas de la noche a la mañana a ser esclavas del taller o del hombre a quien amamos. Y ¡quién sabe cuántas de las que lean estas líneas serán mañana esclavas de algún «mercado de blancas»!

Es por esto que todas las pobres debemos meditar; tenemos la obligación de aportar todos nuestros esfuerzos, toda nuestra constancia para solucionar este gran problema femenino.

La humillación de tantos siglos es necesario que termine; hay imperiosa necesidad para el progreso humano de que la mujer se levante para ayudar al proletario que lucha solo por la conquista de un porvenir sin amos ni verdugos.

Que nosotras seamos las maestras que ilustremos nuestros hijos y les señalemos el camino de la verdadera felicidad humana.

El progreso no viene solo; hay que luchar para que se desarrolle, hay que instruirse y practicar la libertad para que ella venga. Son niños en gestación que necesitan de la buena voluntad y cariño de la madre para que ellos nazcan sanos y fuertes.

Si queremos libertad, empecemos por ser independientes económicamente, si queremos ser respetadas, instruyámonos mutuamente y habremos avanzado un medio paso en el largo camino del progreso.

Para ser independientes económicamente no es necesario que seamos ricas, pue sería un absurdo pretender que todas las proletarias se convirtieran en unas Cousiños, no, no hay necesidad siquiera en convertirse en unas avaras, no, lo que hay que hacer es que las proletarias que trabajan hagan pagar sus obras tanto cuanto mayores sean las necesidades de la vida.

Para solucionar el problema del trabajo de la mujer se presenta una fórmula clara y muy exacta:

Organizarse por gremios para protegerse de los abusos patronales; hacerse pagar un salario que corresponda a los sacrificios aportados al trabajo; disminuir las horas de este y abolir la jornada nocturna.

Instruirse para ser conscientes y fuertes para defender sus santos derechos y preparar para la lucha a sus hijos.

Para realizar estos propósitos, organizar escuelas superiores nocturnas y dominicales, fundar centros de estudios y bibliotecas.

Esbozados así a grandes rasgos los medios de lucha que la mujer obrera independiente puede poner en práctica, resta redimir el enorme rebaño de esclavas del hogar y de la miseria del prostíbulo, para esas víctimas solo hay un remedio para alcanzar su libertad ¡la muerte!

SARA CÁDIZ

Diatribas y cuchufletas

La Palanca, número 3,
julio de 1908

Hemos oído de boca de algunos compañeros de trabajo expresiones tan tristes e insolentes con respecto a la opinión que se han formado de nuestra revista, que no podemos menos que robar un momento de atención a nuestro trabajo, para contestar a esos sabios caballeros que, a dicho sea de paso, vegetan en la ignorancia e inactividad más reprochable y, junto con contribuir a poner trabajar a la educación de la mujer obrera, y a la cual ellos no solamente no prestan su contingente, sino que se burlan sentenciosamente de la mujer que se educa y se levanta mediante sus propios esfuerzos y descuella entre la multitud, por sus dotes de energía, convicciones e iniciativas.

Muchas son las compañeras que han sido molestadas, por opiniones inconvenientes de esos señores sabios que se han permitido emitir cuchufletas indignas de un hombre trabajador que ansíe elevar el nivel moral de su clase.

Conozco un señor FIGURÓN de campanillas y que descuella entre la sociabilidad obrera por ser presidente, director, tesorero, secretario y benefactor de varias instituciones, a quien no le han caído bien nuestra revista y, dando opinión entre un grupo de compañeras dijo que nuestra revista no valía nada, que era una publicación anarquista y no hacía más que copiar o decir lo que se hacía y decía en Europa y por fin que las niñas no debían gastar sus 10 centavos en comprar semejante lesera.

Otros sabios no han podido tragar el nombre de acción *La Palanca*. Están de acuerdo con las estúpidas y cuchufletas de *El Diario Ilustrado* y *La Prensa* que indicaban para nuestra revista los nombres de *El Dedal*, *La Aguja*, *La Tijera*, *La Puntada*, etcétera.

¿Por qué le han puesto por nombre *La Palanca*? Dicen. Por qué no le pusieron *La Obrera*, *La Mujer*, *El Ensueño*, *El Pololito*, *La Esclava*, *La Moda*, *El Picaflor*, etcétera. Si la revista tuviera alguno de estos nombres yo la compraría, cualquier nombre de estos estaría bien, pero *La Palanca*… ¡Ah! ¡Eso es una lesera!

No borronearíamos papel, si no fuera, porque las personas que han dicho sandeces contra de nuestra publicación son obreros respetados y prestigiosos dentro de la sociabilidad, y porque su conducta al desanimar a compañeras que recién conocen esta clase de lucha es cobarde y censurable. No nos imaginábamos que nuestra humilde y valiente empresa fuera tildada de lesera e impropia, por obreros que se precian de instruidos y que se jactan de haber librado batallas contra la ignorancia, el capital y el fanatismo.

¡Señores sabios! Si sois incapaces de comprender el progreso, si sus fulguraciones dañan la vista, no pongáis para ocultar esa luz bienhechora y vivíficamente, la torpe pantalla de vuestra hipocresía.

Hacéis mal, cometéis un crimen al mutilar, al poner trabas a la iniciativa y al amor, al estudio de tu compañera, de tu hermana.

Pensad que la mujer educada tiene una vasta misión que ejercer en el proceso evolutivo del progreso humano.

Ella educando al hombre prepara a los individuos que han de formar las futuras generaciones.

Es verdad que nuestra empresa de propaganda escrita no tiene el mérito prestigiando del summun de la inteligencia, nuestros modestos nombres anónimos, apenas si son conocidos entre las paredes del taller y del fierro despotismo del patrón, pero en cambio tienen el mérito de ser obra de nuestro propio esfuerzo, tienen el mérito de ser la semilla que se siembra y que dentro de todo dará sanos y abundantes frutos.

YEDRA

Instrucción y educación de la mujer

La Palanca, número 5,
septiembre de 1908

¿Cómo sustraer a la mujer de la dominación del sacerdote?

La solución es tan complicada como la de todo problema social; por eso nos abstendremos de decir que los medios que exponemos son los únicos que pueden tener eficacia.

Insinuaremos tan solo unos cuantos.

Algunos de estos medios actuaran directamente sobre la mujer: otros, sobre la niña que más tarde será mujer y madre de familia.

Lo que sobre todo hace falta a la mujer, es la cohesión del pensar, ¿por qué?

Todo lo primero, por la multiplicidad de los hechos únicos que llenan su existencia: su vida está compuesta de una serie de actos de escasa amplitud, sin que esos actos sean subordinados a ideas generales nacidas en un dominio más elevado, más amplio, resultado de una formación lógica y completa de su espíritu.

Muchas mujeres, por ejemplo, cometen imprudencias sensibles, porque carecen de los conocimientos higiénicos basados sobre nociones positivas.

Además, la costumbre de vivir en un círculo estrecho de concepciones, de sustraer ciertos hechos y sobre todo los hechos sociales, a sus preocupaciones, le dan ideas limitadas, sometidas a las influencias de las individualidades antes que a influencias generales de un orden más elevado.

La mujer se quejará del encarecimiento del precio de la vida, por ejemplo, pero no percibirá las causas lógicas de ese encarecimiento y no secundará a los que procuren poner remedio al mal.

Hay, pues, que luchar ante todo contra el aislamiento de la mujer.

La lectura, y sobre todo la lectura del diario que facilita a la mujer el conocimiento de las sociedades de mentalidades diversas y de los fenómenos de la vida real y diaria; la conversación y la discusión de la que no deben quedar excluidas la risa y el ridículo, la concurrencia a conferencias y centro de estudios sociales, etcétera, son otros tantos medios de desenvolver su espíritu positivo.

La lucha, sin duda, será larga entre la mentalidad adquirida, fruto de un largo sistema de educación, y la mentalidad nueva, pero creo que la perseverancia concluirá por imponer el triunfo de la última.

El medio más eficaz es el del ejemplo.

Lo que más nos echan en cara nuestros adversarios, es la debilidad con la que muchos de los nuestros defienden y aplican sus principios.

¿Cuántos no son los hombres que, en los momentos más solemnes de la vida, traicionan esos principios?

Cuando el prejuicio: «es bueno que la mujer tenga un poco de religión» haya dejado de ser, y cuando los padres sepan que sus hijas serán procuradas como esposas por libres pensadores que colocarán la cuestión de conciencia más arriba que todas las otras, como condición sine qua non, educarán a sus hijas en un espíritu más amplio y las pondrán a cubierto tanto de la escuela confesional como de la del confesor.

Lo que se quiere es poner algo en la vida de su mujer.

Muchas no conservan su estrechez de vistas nada más que por falta de ocupación o por necesidad de distracción.

¡Cuántas no son las mujeres que solo van a la iglesia para exhibirse o para distraerse un poco de la tarea monótona de todos los días! En vez de la distracción absurda de la misa o de la salve, habría que poner otras sanas tareas e interesar a la mujer en otras manifestaciones de la vida social.

Pero lo que sobre todo debemos modificar es la educación de la niña creando la escuela para la vida.

La enseñanza comete el error, a pesar de los progresos en los últimos tiempos (esto en las ciudades) de ser demasiado abstracta: ¡demasiadas palabras y escasez de hechos!

La edificación de un cerebro sobre bases lógicas y razonables, por la eliminación de las ideas preconcebidas y de los prejuicios no es cosa fácil. Para eso se requiere que nuestras escuelas constituyan una unidad filosófica.

La ciencia, con sus métodos de investigación, servirá de base a los conceptos generales y la moral humana y laica formará su coronamiento positivo.

No se necesita tan solo que la escuela provea de nociones más o menos incoherentes; es necesario que la instrucción haga al mismo tiempo la educación por la cohesión de las nociones y su aplicabilidad en la vida.

No lo olvidemos: la mujer no es solamente la mitad de la humanidad; es más de la mitad por el rol que desempeña en la primera educación del niño. Desarrolladla y encontrareis en ella la mejor aliada para el triunfo de las ideas que nos son guerridas.

MELANIA JANSSENS